SER
MARÍA

Amor y caos en el Bronx

SER MARÍA

Amor y caos en el Bronx

SONIA MANZANO

Traducción de Joaquín Badajoz

Scholastic Inc.

Originally published in English as *Becoming Maria: Love and Chaos in the South Bronx*

Translated by Joaquín Badajoz

Copyright © 2015 by Sonia Manzano

Translation copyright © 2016 by Scholastic Inc.

ISBN 978-0-545-93351-3

10 9 8 7 6 5 4 3 2   16 17 18 19 20

Printed in the U.S.A.   40

First Spanish printing 2016

A mi mamá, Isidra Rivera Manzano,
y a mi hermano Enrique Manzano

JOHN DWYER JHS
BRONX
1965
CLASS 9-X2

ÍNDICE

SONIA MANZANO
Drama
Wardrobe Mistress
Journalism
Playwriting

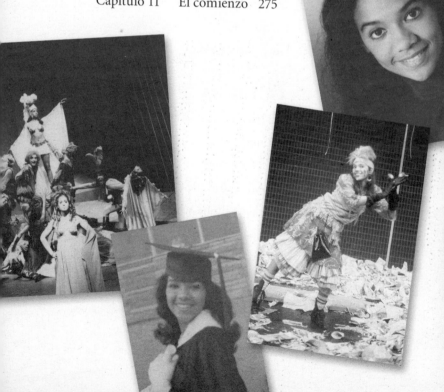

PARTE I

Fragmentos

CAPÍTULO 1

Chica Pañales encuentra a Chica Misterio

Mi madre está cocinando a mi padre. Está atrapado, inmovilizado, con las rodillas contra el mentón dentro de la tina que está en la cocina, mientras ella va y viene desde la estufa cercana con el agua caliente que le vierte sobre la cabeza enjabonada. Una niña morena entra y ellos la mandan a salir.

Varios días o noches después, escucho una sinfonía de gritos y chillidos y forcejeo de cuerpos y palmadas. Cuando llego gateando a la cocina, se abre la puerta y entra la niña escoltada por dos corpulentos policías blancos. Mi padre intenta no parecer borracho parándose derecho; mi madre fuerza una sonrisa.

—*No problem, officer* —balbucea mi padre.

—Todo bien —añade mi madre volteándose para que el policía no vea la marca en su cara.

Mi madre limpia el borde de metal de la tina en la que ha estado cocinando a mi padre como si no hubiera pasado nada. Cuando los policías se marchan, mi madre y mi padre le gritan a la niña, quien quiera que sea. A partir de entonces, parece que unas veces está y otras no.

No está la noche en que mi abuela, lívida por algo, golpea la pared y a mí se me traba el dedo con una puerta en medio de la confusión.

—Duele, duele —le grito a Ma, y ella me alivia el dolor con su cálido aliento mágico.

Entonces busco a la niña con los ojos. ¿Cómo voy a saber dónde está si todavía ando en pañales?

Nos mudamos al Bronx, y enseguida aparece la niña en nuestra nueva casa, de pie contra la pared del fondo, entre las ventanas que dan a la calle. Lleva un overol de mezclilla oscuro, una camiseta negra y una gorra encasquetada hasta las cejas. Unas hebras de pelo grueso se le escapan por debajo. Quiero mirarla mejor, pero soy tímida, además, la luz me está cegando.

—No es pelo malo —escucho que una vecina le susurra a Ma en la cocina.

—No —dice Ma—. Nada de eso. Lo que pasa es que la dejé con mi tía en Puerto Rico y ella le lavaba el pelo con detergente. ¡Qué se va a hacer! Viven en El Fanguito.

—Oh… terrible… horrible tener que vivir en ese lugar. Sabe Dios cuántos nenes se han ahogado en los ríos de mierda que corren bajo las casas —responde la vecina.

Después de un momento de silencio por todos los bebés muertos, la vecina continúa:

—Entonces se le puso el pelo rizado de lavarlo con detergente, no es que ella sea…

Se calla. Me quedo esperando, pero solo escucho un silencio tenso.

Vienen hasta la sala. La vecina es alta y delgada y lleva en la cara una mueca como si estuviera oliendo algo raro. Mi madre agarra el cepillo como si fuera un arma.

—Aurea, ven acá —dice.

¡Ah! Un nuevo dato. ¡La niña se llama Aurea!

—Ven que te voy a arreglar ese pelo —dice Ma.

Pero Aurea le da la espalda furiosa. Ella siempre está enojada.

Estoy atravesando una habitación oscura y húmeda.

—Por aquí —dice Pa.

—No veo nada —dice Ma, y añade alarmada—. Sonia, no te acerques a la pared.

Salto justo a tiempo. Las paredes están chorreando agua. ¿Estará lloviendo adentro? Huele raro aquí abajo, como en la acera, pero aquí hay una capa de mugre en el suelo también. Lo sé porque sigo pateándola mientras Ma me arrastra cada vez más lejos hacia la luz amarilla que se ve en la distancia. Pasamos junto a una máquina grande y redonda que brilla, se sacude, eructa y tose caliente, y continuamos esquivando las columnas de cemento que sostienen el edificio sobre nosotros hasta que llegamos a otra puerta que Pa empuja y abre.

—Por aquí —repite.

—Ay, Dios mío —suspira Ma.

Es un espacio con una cama y una mesa con sillas donde vive gente, pero la habitación no es muy diferente del sótano por el que acabamos de pasar. Un hombre y una mujer con los ojos hundidos nos miran al entrar. Hay dos niños pequeños como de mi tamaño luchando en una esquina. Uno no tiene puesto pantalones y me quedo mirando algo pequeño que le cuelga entre las piernas. Los mocos le ruedan de la nariz hasta el labio superior. Hay una niña unos años mayor con ataques de tos que le hacen batir de un lado a otro el pelo fibroso. Me mira fijamente entre una racha de tos y otra mientras los adultos se saludan y conversan.

—*Oh, my God* —grita Ma de repente.

El niño pequeño con la cosa colgando está haciendo caca sobre la mesa.

—¿Mickey, qué demonios estás haciendo? —le grita el hombre mientras la mujer se ríe.

Ma me carga. Cuando logran encontrar algo para limpiar la caca, el niño ya ha terminado. Puedo sentir la ira de Ma a través de su vestido.

—¡*AveMaríaPurísima*, aquí hay baños! —repite sin parar mientras recorre inquieta de un lado a otro el pequeño espacio.

—No te preocupes, Franco —dice Pa—. Puede ser que después haya algún apartamento disponible en la avenida Fulton. Pero por el momento tienes que vivir aquí y buscarte la vida.

"¿Buscarse la vida?" Mi padre acaba de decirle que "se busque la vida". ¿Y eso qué significa?

—Sí, seguro. Estoy listo para trabajar y ganar un poco de dinero —dice Franco.

—Mañana vas a venir conmigo. Tengo que reparar un techo y puedes ayudarme —dice Pa.

—¡*Okay*!

—¿Y yo qué? —pregunta la mujer—. Puedo coser un poco.

—Hay trabajos por toda la ciudad que puedes hacer, Iris —dice Ma irritada—. Ya te encontraremos algo mañana…

Me doy cuenta de que Ma está desesperada por irse, así que al poco rato nos despedimos.

—Terrible, terrible —repite Ma una y otra vez cuando estamos en la calle.

—Eso fue lo que les pude encontrar —dice Pa—. No se suponía que vinieran tan rápido. Le dije hace solo dos semanas a tu hermano Franco que debía pensar en venir a Nueva York. ¿Cómo iba a saber que se aparecería tan rápido? ¿Quieres que se muden con nosotros? No pensé que iba a sacar los pasajes y venir inmediatamente —paró por un segundo, antes de agregar—: Las cosas en Puerto Rico deben de estar peor de lo que pensaba.

Esas dos palabras, *Puerto Rico*, me hacen poner atención, pero ya no hablan nada más. Ma va callada mientras caminamos hasta Third Avenue y escucho el tren entrar retumbando en la estación sobre mi cabeza.

—Franco es *tu* hermano —recalca Pa.

La voz de mi madre lo hace saltar.

—Y tu hermana, La Boba, se asustó y comenzó a gritar cuando traté de que subiera por la escalera eléctrica de Gimbels la semana pasada. Qué vergüenza…

—*Aw, come on*, tú sabes cómo es ella…

Quiero saber "cómo es ella" y por qué le dicen "La Boba" a la hermana de mi padre, si es tan dulce y agradable y me mira con los ojitos chinos y puedo entenderla aunque se le enrede la lengua.

Mis padres siguen hablando y refunfuñando sobre *su* hermano Franco y *su* hermana La Boba por todo el camino hasta que subimos las escaleras de nuestro apartamento. La gente que vive en el sitio húmedo y horrible son mi tío Frank, su esposa Iris y mis primos Mickey, Chaty y Mimi, que acaban de venir de ese lugar extraño, Puerto Rico. Los vemos con tanta frecuencia como al otro hermano de Ma, tío Eddie, su esposa Bombón, su hija Zoraida y su hijo Edito, que es mi primo favorito. Mi padre no parece muy contento de que Ma tenga a sus queridos hermanos cerca, aun cuando se comporta con ellos amistosamente.

Aurea y yo estamos solas y mi padre llega a casa terriblemente borracho.

—¡Isa! —grita.

Mi madre no está para responderle porque ha salido. Pa ni nos mira, ni le pregunta a Aurea dónde puede estar mi madre aunque ella es lo suficientemente grande como para saber. Después de recorrer la casa revisando cada habitación, además de la cocina, ¡finalmente se da cuenta de que no está! Regresa a la sala revolviéndolo todo ferozmente. ¿Pensará que Ma está escondida debajo del sofá o detrás del Jesucristo en la pared? ¡Quizás enroscada dentro del cenicero! Creo que Aurea corrió a esconderse.

Cuando finalmente comprende que su objetivo no está en la casa, Pa agarra la mesita de la sala y la lanza por el aire. La veo destrozarse contra la pared y volar en astillas. Después agarra la lámpara y la estrella contra el piso de su habitación. Veo la bombilla hecha añicos, como mis sentimientos, aunque no esté segura de lo que estoy sintiendo, excepto que estoy más que aterrada, y rompo a llorar dando un grito de una sola nota, catatónico e ininterrumpido.

Mi padre se detiene y mira a su alrededor, preguntándose de donde viene ese chillido agudo y entonces es que me ve, paralizada en el lugar, con mi cabeza justo a la altura de sus rodillas. Reenfoca sus ojos rojos como un robot malvado. "¿Quién es esta niña?", parece pensar. "¿Cómo llegó aquí?". Mi chillido le molesta porque se agacha y me consuela palmoteándome la cabeza con su mano grande y callosa. No sé si sea peligroso aceptar su caricia, aunque el olor a whiskey que destila es tan dulce que me gusta. Justo cuando mi llanto se va convirtiendo en simples jipidos acompañados de grandes bocanadas de aire, el diablo que lo domina vuelve a la carga y se olvida de mí, se levanta, arranca de la pared el espejo adornado con flamencos rosados y lo lanza contra el radiador. Mi lloriqueo escala hasta alcanzar el insoportable grito otra vez mientras él patea el televisor antes de salir huyendo del apartamento.

Corro hacia la ventana de nuestro apartamento que está en un cuarto piso para mirar hacia afuera y en eso veo llegar el carro de tío Eddie. Se bajan su esposa Bombón, mi tío Frank, su esposa Iris y mi bella madre, que tiene puesto un vestido amarillo claro plisado en el frente que ella misma se hizo. Pero en ese momento veo a mi padre abalanzarse sobre ella. Mis tíos lo frenan, y puedo asegurar incluso desde esta distancia que, si pudiera, Ma le destrozaría la cara.

Hay algo bello en la imagen que forman gesticulando alumbrados por la luz de la farola. Cuando de repente pasa el tren elevado Third Avenue El, justo frente a nuestra ventana, siento que soy el centro del universo y estoy feliz de que hayan tenido esta pelea, porque así he descubierto esta ventana maravillosa. Allí es a donde voy todos los días a refugiarme entre asaltos, cuando se hace una calma nerviosa.

Desde allí espío a los vecinos: a la sensual Flor con su gran trasero y su pelo teñido de amarillo color algodón de azúcar; y a la odiosa de Genoveva, que siempre luce como si estuviera oliendo algo raro; a la bella y americanizada Lydia, que lleva su pelo peinado al *flip* con las puntas volteadas hacia arriba; y a la Puerca Bizca, que tiene dos apodos porque es las dos cosas: una cochina y tiene estrabismo; y a los cabezones pelirrojos de la familia Cabeza. Todos ellos entran y salen de la bodega de don Joe, que está justo al lado de nuestro edificio, sin saber que los estoy mirando y que sé lo que compran y cuánto tiempo pasan dando vueltas hablando.

También espío el tren elevado Third Avenue El que atraviesa como un cohete nuestro barrio cada pocos minutos, y veo a la gente salir en masa de sus vagones y desparramarse por las escaleras de la estación como canicas saltando sobre los escalones, esquivando a los niños limpiabotas, sumándose al bullicio que va hacia Crotona Park, donde Chaty y Mickey juegan tan salvajemente que Ma siente pena por los árboles, o rodando hacia la avenida Bathgate, donde pueden comprar pollos vivos de los judíos, que les arrancan las cabezas a los pollos y los cuelgan por las patas para que se desangren.

Pero sobre todo espero a que Ma regrese del trabajo. Cualquier tren podría ser el suyo, y de pronto aparece ella como por arte de magia, saludándome sonriente de una forma en que sé que soy la niña más amada del mundo. Estoy tan feliz que me estremezco, viéndola desaparecer bajo el toldo de la estación y luego reaparecer bajando los escalones, pasando de largo junto a los envidiables niños limpiabotas que están afuera todo el día.

Ella no sube rumbo a Fulton ni baja hasta Bathgate como las otras canicas, sino que viene directo hasta Third Avenue y hacia mí. Camina bajo las franjas de luz del sol que se cuelan entre los carriles y una vez que pasa la bodega de don Joe sé exactamente cuánto se demorará en abrir la puerta.

—¡Mami!

Está tan bella con su cinturita y sus tacos.

—Ya, ya, ya —dice, y me abraza sonriendo, besándome por toda la cabeza y el cuello.

Busco la barra de caramelo a medio comer que siempre lleva en su bolso, pero cuando me vuelvo de nuevo hacia ella, el momento por el que he esperado todo el día ya se ha acabado, y sintiéndome de pronto rechazada y vacía regreso a la ventana, a esperar a que comience la segunda y última parte del día.

Mi padre regresa a casa y me quedo quieta por si escucho peleas, pero sé que no habrá problemas cuando lo oigo tocando la guitarra y cantando.

—"Mamá, yo quiero saber, de dónde son los cantantes…" —canturrea él hasta que de repente ladra—: Sonia, ráscame la espalda.

Me arrastro desde la ventana y me paro tras él, que está sentado en el sofá, y le rasco la espalda, que luce kilométrica. Sigo metódicamente una ruta comenzando por el espacio entre los hombros, bajando por los costados, luego por encima del cinturón, antes de recorrer toda esa inmensidad con un rascado general. Le echo un vistazo a la película en la televisión. King Kong está colgando del

Empire State mientras los aeroplanos lo atacan, y me da tanta tristeza que dejo de rascar. Mi padre mueve las orejas. Me río. Lo repite haciéndome reír más fuerte. Quisiera poder mover las orejas como él y lo intento concentrándome con todas mis fuerzas, pero es imposible, solo puedo sentir mis orejas cuando me las toco con las manos; de todos modos, desearía que pudiéramos mover las orejas y reírnos juntos para siempre. Pero él se aburre en un instante y piensa en otra cosa.

—¡Agua! —pide.

Miro su cara pero sus ojos revelan que está en otra parte. Me deslizo del sofá y corro a la cocina, donde mi madre está parada frente a la estufa.

—Papi quiere…

No tengo que terminar la frase porque ella sabe lo que le estoy pidiendo y me llena un vaso para que se lo lleve. Agarro el vaso, y aunque sus manos están libres, me señala con los labios los chicharrones recién fritos que ha secado para darles sabor y me ofrece los restos crujientes. Mi madre me parece un ángel mientras mastico la golosina salada.

—"Que los encuentro galantes…" —mi padre ha comenzado a cantar de nuevo.

—¡Ven a comer! —llama Ma a mi padre, que entra, agarra el vaso de agua y se lo bebe en lo que se sienta.

Cuando él termina de comer, Ma nos llama a mí y a Aurea, que vela sospechosamente a mi padre mientras se aleja. Me siento y juego con la comida.

—Come —amenaza Ma.

—No quiere comer —dice Aurea.

—Ella va a comer, o de lo contrario… —responde Ma.

Después de un rato, Aurea se va a su cuarto y yo recuesto la cabeza sobre la mesa para jugar con la comida desde ese ángulo porque me parece más divertido.

—No vas a levantarte de la mesa hasta que termines —me regaña Ma, comiendo parada junto a la estufa. Pero se cansa después de un rato—. Sabes qué, no importa —dice recogiendo mi plato—. Tener que botar a la basura esta comida. Terrible.

¡Hurra! ¡Soy libre! Si corro hacia la puerta llegaré justo a tiempo para ver pasar al súper recogiendo la basura. Se detiene en cada piso para recoger los desperdicios de la gente, los echa en su gran cubo de basura y luego los aplasta para hacer espacio saltando adentro del cubo con ambos pies. El olor a comida rebota contra las paredes del edificio y sé que nuestros vecinos cenaron lo mismo que nosotros, algún tipo de arroz con habichuelas. Desearía poder saltar sobre la basura como él.

—A dormir… —Ma me arrastra de la puerta, le echa los tres seguros y me va toreando hasta la habitación—. ¡Avanza! —dice señalando el orinal.

Una sombra nos entristece. Ella odia que me orine en la cama, y yo también me siento mal cuando pasa. Ma espera hasta que empiezo a orinar y luego se va para hacer alguna otra cosa. El sonido del Third Avenue El entrando a la estación apaga el ruido del chorro sobre la vasija.

Al meterme en la cama examino mis pies. Los toco con las manos y descubro un curioso paralelismo entre ellos. Cierta simetría emerge… Comienzo a hiperventilar… porque… Creo… que… sí… debe de ser cierto… Tengo el mismo número de dedos en las manos y en los pies. ¿Será posible? Cuento de nuevo, esta vez separando con firmeza cada dedo del otro para evitar que se amontonen al final del pie como un racimo de uvas. Cuento una y otra vez, y llego a la conclusión de que tengo diez dedos en las manos y diez en los pies.

—¡Ma, tengo diez dedos! —grito.

Ella regresa a la habitación y entonces una mirada de incredulidad le cambia la cara.

—Duérmete —dice saliendo.

Ni me esfuerzo en cumplir su orden. La simetría dactilar de mis manos y pies me emociona y me tranquiliza a la vez. Es una prueba de que existe orden en el universo. Me acurruco y miro al techo, y descubro formas en el yeso agrietado. Veo un bote, una casa, una nube…

CAPÍTULO 2

Palizas

—¡Borracho! ¡Madre de Dios!

Me despierto al escuchar la voz de doña Cabeza. ¿Y ella qué hace en nuestro apartamento tan temprano? Me levanto y las veo, a ella y a Flor, cacareando alrededor de la cama de mi madre. Fisgoneando entre ellas logro ver la cara de enojo de Ma. Tiene un chichón en la cabeza, un ojo negro y moretones en los brazos.

—Maldito —escupe Ma.

—Tómate la sopa —le ordena doña Cabeza.

Quiero ver si es caldo de paloma —los hijos de doña Cabeza crían palomas en el techo, y a menudo ella les retuerce el pescuezo y las cocina—, pero no veo nada porque su cabezota pelirroja está en el medio. El apellido le viene a la perfección: Cabeza. Y doña Cabeza y sus cinco hijos, a los que siempre está mangoneando, tienen las cabezas más grandes que he visto, cubiertas de una espesa mata de pelo rojo llameante.

—No, gracias —responde mi madre, rechazando la sopa—. Ni siquiera puedo tragar.

—Así son los hombres —dice Flor, y las palabras salen silbando de su boca a través del diente que le falta.

Me quedo mirando el hueco de su boca enmarcado por los labios rojos y su cabello amarillo, color algodón de azúcar. Flor vive con sus dos hijos y se las arregla para mantener a raya a dos hermanos que se pelean por ella.

—Por eso prefiero estar sola —añade.

Todas asienten.

—¡Borracho! ¿Y te golpeó contra el radiador? Qué horrible.

¿Qué? ¿Que mi padre estaba borracho? ¡Le pegó contra el radiador de la calefacción!

—Pobrecita.

¿Será cierto? ¡No puedo creerlo! Ellas repiten la historia una y otra vez.

—*Drunk?*

—¡Madre de Dios!

—Terrible.

Al rato, Flor y doña Cabeza se van, después de llegar a la conclusión de que lo que sucedió pasó porque mi padre ama demasiado a mi madre. Cuando nos quedamos solas, finalmente, mi madre y yo nos miramos. Ella bosteza, y de repente salta de la cama, va a la cocina y saca un poco de queso de la nevera. Luego abre una gran lata verde de galletas.

—¿Quieres? —pregunta.

—Sí —digo.

Alguien toca a la puerta y ella esconde el queso y las galletas rápidamente.

—¿Eh…?

—¡Después! Ve y abre la puerta.

Voy a abrir.

—¡Espera!

Me detengo y veo a mi madre regresar a la cama y volver a poner cara de tristeza.

—¡Ahora! —me dice.

—*Who?* —pregunto antes de abrir, como me han enseñado.

—Genoveva —responde una voz.

—Lydia —dice otra.

No soporto a Genoveva, pero Lydia me gusta porque es bonita y blanca y tan americanizada que habla inglés perfecto y es siempre tan cariñosa con su hijo Dennis, incluso cuando él se queda dormido en la acera. La puerta tiene un pestillo de seguridad, pero creo que puedo abrirla, debo hacerlo.

Genoveva y Lydia me pasan por el lado revoloteando sin decir ni hola, como si yo no existiera y no hubiera acabado de pasar todo ese trabajo para abrirles, así que me apuro y me paro entre ellas y mi madre para que me vean. Pero debo de ser invisible, porque miran a través de mí y gritan de asombro al ver a Ma. Genoveva trae una bolsa de hielo y está feliz de tener a alguien a quien atender. Mi madre comienza a contar su triste historia de nuevo.

—Estaba como un loco. Demasiado borracho… —cuenta Ma.

—Jesús, María y José… —interrumpe Genoveva lívida.

—Mira como destrozó los muebles —dice Lydia.

Revisan los moretones de mi madre, deteniéndose en la cabeza y el ojo.

—Ponle el hielo en el chichón —dice Genoveva.

—Tengo maquillaje para cubrir el ojo negro y que puedas ir a trabajar —ofrece Lydia.

—Y te pones una blusa de mangas largas —sugiere Genoveva.

Entonces, de la nada, surge la gran pregunta.

—¿Por qué lo hizo?

Me quedo pensando. Lo hizo porque la ama, ¿no? ¿En serio?

Ellas siguen en lo suyo.

—¡Los hombres!

—Sí, los hombres —asiente Lydia.

¿Hombres? ¿Y eso que significa? ¿Todos los hombres? ¿O solo algunos? ¿Todos los hombres golpean las cabezas de sus mujeres contra los radiadores y les pegan? Mi primo Edito va a ser un hombre algún día. ¿Eso significa que golpeará a su esposa?

Alguien toca a la puerta.

—*Who?* —pregunto cautelosa, entreabriendo la puerta.

—¿Quién es? —quiere saber mi madre.

Regreso corriendo a decirle.

—Es la Puerca Bizca.

Genoveva y Lydia sonríen con disimulo.

—Shhh. ¡No le digas así! —dice Ma.

—No es su culpa —me defiende Lydia—. ¡Todo el mundo le dice así!

—Pero no en su cara —responde mi madre—. ¡Déjala entrar!

La dejo entrar y miro a Ma. Siempre se ríe de esta mujer, pero ahora está seria. Cuentan la historia otra vez.

—¿Contra ese radiador?

Justo en ese momento señalo al aparato.

—¡Madre de Dios!

—¡Terrible! ¡Pobrecita!

Asiento con la cabeza y suspiro como hizo Lydia y sigo paso a paso el guión. Las palabras de las mujeres revolotean en mi cabeza.

—No lo dejes entrar al apartamento nunca más. Tienes que pensar en ti y en los niños. Ningún hombre vale la pena, por mucho que te ame. No permitas que te trate así. Los hombres...

Todo el mundo sabe cómo deben vivir los otros, y me pregunto si la vida de cada persona es como un abrigo que uno puede ofrecer a otros para que prueben si es de su talla. ¿O son los vecinos parte de nuestra vida, entrando y saliendo a su antojo, como olas en una playa arenosa?

—¿Hay algún lugar en el que puedas esconderte? —pregunta Genoveva.

—Al principio va a ser difícil, pero tú trabajas. ¡Ganas dinero! —añade Lydia—. ¡Puedes hacerlo! ¡Ganas tu propio dinero!

—Lo haré —responde Ma a regañadientes.

Se decide que vayamos a casa de tío Eddie en Bethpage. Estoy encantada de estar con mi primo Edito y olvidarme de los moretones de mi madre. Cuando llegamos a la casa de mi tío, Edito y yo nos apartamos del mundo. Sobre nuestras cabezas los adultos susurran y conspiran, pero eso a Edito y a mí no nos importa porque su brillante triciclo rojo con flecos en el manubrio es la cosa más bella del mundo. Me muero de la impaciencia por que amanezca.

Ma se va a trabajar al día siguiente y mi primo y yo examinamos la bici antes de salir a la acera.

—¡Súbete! —ordena.

Me siento en la bici y él se para detrás, reclinado sobre mí para agarrar los manubrios, y salimos andando. En cuestión de segundos estamos volando acera abajo, tan rápido que se me salen los pies de los pedales. Lo escucho riendo divertido pero va demasiado rápido para mí.

—¡Para! —grito.

Pero no me hace caso, porque es demasiado emocionante y divertido para parar, así que sigue impulsándonos hasta que nos caemos. Mi primo se ríe, pero yo tengo una herida en la rodilla y comienzo a llorar.

—¿Estás bien?

Está a punto de ayudarme cuando escuchamos:

—¡Sinvergüenza! ¡Hijo de puta!

Es su madre, Bombón, que viene hacia nosotros. ¡Zaaaz! Le da un tortazo en la cabeza y lo arrastra hasta la casa gritándole insultos. Zoraida, la hermanastra de Edito, intenta distraer a Bombón.

—Mami...

Pero no hay manera de distraerla, y Bombón le da una tunda a Edito hasta que se cansa.

Después se hace una triste calma mientras Zoraida lleva a su hermano al baño y lo tranquiliza con un baño de agua fría. Cuando salen, su piel blanca está limpia y pulida, su pelo con una raya impecable al lado y la pollina cepillada al estilo pompadour. La única evidencia de lo que acaba de pasar es una curita sobre el ojo. Zoraida lo mima con un avión de juguete y se queda mirando atentamente mientras Edito se acerca a su madre, que está con la vista perdida.

—*Mami, look* —le dice dulce, haciendo volar el avión frente a sus ojos—. Mira como vuela el avioncito.

Pero los ojos de Bombón están demasiado vidriosos para ver nada.

—Mira, Mami...

Sus ojos salvajes finalmente se enfocan y le sonríe tímidamente a su hijo. Estoy entumecida, y aunque mi llanto provocó todo esto es como si yo no existiera.

Al día siguiente Zoraida nos prepara desayuno. Los huevos que está friendo chisporrotean sobre la estufa caliente.

—Una vez mi madre me puso las manos sobre la estufa —dice con la mayor naturalidad.

—¿Y por qué hizo eso? —le pregunto.

—Para enseñarme a no robar.

Escucho el sonido de los huevos en la manteca. Cuando están listos nos los sirve.

—Es la única forma de enseñarles a los niños —insiste Zoraida.

Mientras me como los huevos me pregunto si para aprender la lección hay que poner las manos sobre la superficie caliente o directamente sobre las llamas.

Unas tardes después, cuando Ma regresa del trabajo, nos sentamos en el portal a mirar el caminito que lleva de la casa hasta la calle. Bombón pone una cabeza de coco de vudú al final del camino.

—No pasen la cabeza. Si lo hacen, les va a morder las piernas —nos advierte.

Ma me atrae hacia ella suspirando de cansancio y veo que sus moretones se han vuelto amarillos. Dentro de la casa, la personalidad de Bombón ha sufrido un cambio. Entalca con cuidado y ternura los pies adoloridos de mi tío, su esposo, y se ve alegre. Pero la transformación dura hasta la mañana siguiente.

—¿Te gusta el pelo de Gina Lollobrigida? —me pregunta.

—*Who?*

—Gina Lollobrigida, la actriz italiana pelada a lo machito.

No sé de qué está hablando, pero le sigo la corriente a cualquier cosa que diga. Zoraida me mira y Bombón sonríe como si las tres fuéramos amigas. Puedo jugar ese juego, pero me pregunto dónde estará metido Edito con su avión de juguete.

Bombón pone periódicos debajo de una silla de la cocina y nos llama a Zoraida y a mí para jugar a la peluquería, solo que Bombón es la única que tiene tijeras. Zoraida va primero. ¡Chas! Un largo mechón de pelo cae al suelo. ¡Chas! Cae otro. No se detiene hasta que Zoraida luce como Juana de Arco. Las dos tratamos de sonreír, pero nadie puede decir ni una palabra. Es mi turno. Estoy sentada en la silla y hay tanto silencio que puedo escuchar las tijeras luchando y mordiendo a través de mi espesa melena ondulada. Temo que una de mis orejas caiga al suelo junto con uno o dos mechones, así que no me muevo. Cuando termina, Bombón sonríe satisfecha y me mira de la misma manera que yo miro a mis muñecas. Busco donde ver mi reflejo. Mi pelo está cortado hasta la mitad de las orejas y ya no tiene rizos bonitos. Está reseco y rizado como un pedazo de brócoli, y me pregunto si ese será el estilo.

A medida que oscurece y se acerca la hora de que mi madre regrese a casa, Bombón se va entusiasmando.

—Vamos a darle una sorpresa a tu madre —me dice—. Ven rápido, Zoraida —le ordena a su hija.

Zoraida colabora como si lo estuviéramos disfrutando tremendamente. Bombón nos hace agarrarnos las manos como si fuéramos bailarinas.

—Así —nos enseña, moviéndonos como muñecas.

Entonces va a mirar por la ventana.

—¡Ahí viene! —dice de repente—. Rápido, volteen las cabezas y miren al rincón.

Zoraida y yo nos miramos.

—¡Así! —nos dice una vez más, moviéndonos las cabezas para que miremos hacia la pared exactamente en el mismo ángulo.

Mi madre viene exhausta, y solo cuando veo que la quijada prácticamente se le cae al piso de la incredulidad, es que me doy cuenta de cómo debo lucir.

Al día siguiente volvemos a nuestra casa, donde mi padre le suplica con las lágrimas rodándole por la cara.

—Por favor, perdóname. No sabía lo que hacía. Perdí la cabeza. Fue el ron.

Mi madre se para de puntillas señalando al radiador y luego los moretones en los brazos y la cara que ya se están desvaneciendo.

—¡Mírame! ¡Abusador! ¡Animal! ¡Loco! ¡Sinvergüenza!

—¡No sé lo que pasó! Por favor, perdóname. Quédate y yo duermo en un rincón. ¡Por favor! No sabía lo que hacía. Estaba borracho. Me volví como loco. Te prometo que no va a volver a pasar. No fue mi culpa. Fue el maldito ron. Yo te amo, Isa. No puedo vivir sin ti.

Luego se desploma y se queda llorando al lado del sofá floreado. Miro a mi madre, pero estoy paralizada porque no sé qué quiero que suceda, y se me hace un nudo en la garganta que amenaza con ahogarme mientras se me rompe el corazón de pena por mi padre. Sigo de pie, viéndolo a él, débil y roto en mil pedazos, y a Ma resuelta y vengativa, y no sé de parte de quién estoy.

CAPÍTULO 3

Coro de pobreza

Sentada frente a los tobillos hinchados de mi madre, me quedo fascinada hundiendo el índice y midiendo cuánto tarda el hoyuelo en rellenarse.

—Muchacha —dice espantándome.

Es viernes y toda la familia, incluyendo a tío Frank, su esposa Iris y mis primos, está haciendo las compras de la semana en la bodega de don Joe. Iris ha comenzado a usar tacos todo el tiempo. Lo único que no cambia, desde la primera vez que lo vi, es el moco de Mickey.

"Parece cera de vela", había dicho Ma, y ya no me podía quitar esa imagen de la cabeza. Ahora, bajo la tenue luz de la grasienta bombilla que cuelga del techo, advierto que ella pone el pie en ángulo recto mientras hace el pedido.

—Una libra de cebollas.

Quien escoge las cebollas es don Joe, y no su hermano y codueño de la bodega, don Tito, cuya sonrisa es tan fugaz que parece un tic nervioso.

Para mí está claro que cabalgar este tobillo sería tan genial como montar en *la macchina*, el carrusel ensamblado sobre la cama de una camioneta que conduce por Third Avenue un italiano que cobra 25 centavos por paseo. Don Joe pesa el cartucho de cebollas, lo pone en una caja y anota lo que Ma le debe en su libreta blanca y negra. Todos en el vecindario le deben tanto dinero y él ha pasado tantas veces las páginas, que se ha formado un bulto donde agarra el papel para voltear las hojas.

Intento sentarme en el pie de Ma, pero lo afloja y me caigo dando volteretas en el suelo cubierto de aserrín.

—Ve a jugar con tus primos —me dice.

Chaty y Mickey encontraron una caja de fósforos y están experimentando, Mimi luce aburrida, y yo estoy feliz de que estén aquí para que este no sea un viernes de madre amoratada y muebles rotos, pero en realidad no me interesa jugar con ellos. Lo que me atrae ahora es el pie y la pantorrilla de mi madre. Doña Cabeza entra a comprar café y me sorprende una vez más que esa melena pelirroja de actriz de cine pertenezca a una cara tan fea y arrugada. La antipática de Genoveva compra algodón y alcohol para las inyecciones de penicilina que les pone a los niños del barrio y se va hurgándose la nariz. Cuando entra Flor, todos los hombres le admiran el trasero y ella les sonríe con su boca sin un diente. La Puerca Bizca le pasa por al lado a Ma y a tía Iris, que aguantan la risa cuando notan las marcas sucias de sus pechos en la parte de atrás del vestido.

—Aunque se ponga la parte sucia para atrás no me engaña. Sé que no ha lavado ese vestido en siglos —mascula entre risas Ma.

Su blusa de embarazada golpea la caja de madera en la que se sienta. Le hago dos hoyuelos en las piernas hinchadas y espero a que desaparezcan antes de hacerle otro.

—¿Qué más, doña Isa? —pregunta don Joe.

—Cinco libras de arroz —dice Ma.

Don Joe palea un poco de arroz dentro de un cartucho, dobla el borde superior, le da un golpe de karate en el ángulo justo para sellarlo y luego ríe.

—Hay mucho trabajo en la factoría —le comenta Iris a Ma—. Puedo trabajar hasta 12 horas al día si quisiera. Es fantástico.

—Siempre hay mucho trabajo por pieza —afirma Ma.

—Estoy muy contenta.

—Está bien, pero a mí me gusta más coser todo el vestido. Es más interesante.

—Bueno, pero tú hablas inglés mejor…

—Tan pronto como me bajé del avión de Puerto Rico, mi hermano Eddie me enseñó a decir 'hilo' y 'aguja' y lo demás que necesitaba en inglés. ¡Fue duro pero lo logré!

—¿También viniste en uno de esos avioncitos de la segunda guerra mundial? —pregunta don Joe.

—Sí, sí. *AveMaríaPurísima*, qué viaje. Nos sentamos a lo largo del costado del avión como hacen los soldados antes de saltar. Era todo lo que podíamos pagar. —Entonces se echó a reír—. Ahora parece cómico, pero fue horrible. No. No. ¿Te conté, Iris, del pobre barbero que venía con nosotros?

—Sí, sí, pero cuéntalo de nuevo.

—El pobre, traía todos sus enseres en una caja de cartón. Tijeras, maquinillas, brochas, navajas, pero cada vez que el aeroplano se inclinaba en una dirección… —se ríe tan fuerte que apenas puede hablar—, la caja con todos los utensilios salía disparada, *traca, traca, traca*, de un lado a otro del avión. Y él…, él…

Don Joe le trajo un vaso de agua, que ella se tragó de un sorbo.

—Gracias, don Joe —dice antes de continuar—. Tan pronto como los recogía y se sentaba en el otro lado, el avión giraba en la otra dirección y de nuevo se le escapaban los enseres de barbero… *traca, traca, traca*, pasaban las tijeras, maquinillas, cepillos y así; hasta el punto en que todos estábamos esperando para atrapar un peine o una brocha, solo para entretenernos.

Vi la oportunidad de hacer un hoyuelo en su tobillo.

—*Stop*, mija —dice sacudiendo la pierna.

Volvió a concentrarse en las compras.

—Cinco libras de habichuelas y nada más.

Don Joe le da el mismo golpe de karate al cartucho de las cinco libras de habichuelas y, masticando el extremo de un lápiz rojo de carpintero para afilarle la punta, añade nuestra nueva deuda a la vieja, y entonces Iris comienza a comprar.

Finalmente acabamos. Iris llama a tío Frank, que anda bebiendo afuera con mi padre. Se levantan de las cajas de madera en las que han estado sentados, entran, cargan las cajas de comida sobre los hombros como He-Man y salen de la tienda.

Tío Frank le grita a Chaty que deje los fósforos, pero este se los esconde en el bolsillo sin hacerle caso. Todos pasamos por encima de Moncho, el vagabundo que duerme en la entrada de nuestro edificio. Mientras subimos escuchamos un sonido metálico golpeando cada uno de los escalones sobre nosotros. Es el ruido que hacen los aparatos metálicos para la polio de Dennis, cuando la americanizada Lydia tira de su hijo escaleras arriba. Dennis está siempre durmiendo en la calle o bailando mambo con aparatos y todo. Les pasamos por el lado.

—Dennis es un drogadicto —dice Pa tan pronto como entramos al apartamento.

Chaty, Mickey y yo saltamos entre el sofá y el butacón, de uno a otro, asegurándonos de que nuestros pies no toquen el suelo porque hemos decidido que es arena movediza.

—¿Qué son arenas movedizas? —pregunta Mickey.

Mickey tiene que tener algún problema en el cerebro, porque por mucho que Chaty trata de explicarle no entiende.

—Olvídalo, Mickey, imagínate que es fuego.

—Dejen de saltar —grita Mimi frotándose la cabeza—. Estoy viendo la tele.

Mimi siempre luce sudorosa y acalorada. Chaty enciende unos fósforos para ayudar a Mickey a explorar debajo de la cama y yo me quedo cerca de la cocina para escuchar. Ma prepara café para todos en lo que Iris pela unos plátanos.

—¿Escuchaste el cuento del jíbaro que era tan estúpido que trató de apagar la luz eléctrica con el sombrero? —dice tío Frank, y todos se ríen.

—¿Y el del machetero que se siguió infectando las heridas para que el gobierno le siguiera pagando? —dice Pa, haciéndolos reír aún más.

Me pregunto de qué se ríen, pues no le veo la gracia a los chistes.

—Ay, la pobreza. Cuando murió mi madre nos estábamos muriendo de hambre sin nadie que nos cuidara, ¿te acuerdas, Franco?

—Sí, claro, pero no recuerdo a nuestra madre.

—Yo tenía unos cinco años cuando ella murió, y tú tendrías tres.

Se voltean hacia mi padre como si estuviera haciendo algo malo.

—¿Cuándo fue la última vez que visitaste a tu madre? —pregunta tío Eddie.

Mi padre no responde.

—Si mi madre estuviera viva —dice Franco—, la llevaría cargada para todas partes.

Mi padre gruñe y sale, mientras imagino a mi abuela alta y flaca montada a caballo sobre mi padre. Iris cambia el tema.

—En ese entonces uno sabía qué niños tenían parásitos por las barrigas hinchadas.

—Gracias a Dios que demolieron ese horrible barrio El Fanguito.

Mi padre regresa con su guitarra. Todos quieren cantarle a la miseria de Puerto Rico. La canción, sobre un pobre jíbaro que trabaja como un esclavo y se siente destrozado cuando al final no puede vender sus productos en el pueblo, es tan bella que siento como si me apuñalaran el corazón y todo el dolor se quedara adentro. Escucho muchas otras canciones tristes y alegres, hasta que llega la hora de que la familia de mi tío se marche o me voy quedando dormida en el sofá.

El niño dentro de Ma sigue creciendo hasta el punto en que ella se cansa y se pone vaga y quiere que salga a hacerle mandados. Me encanta cuando me pide que vaya a la bodega sola.

—*Can you do it?* —me pregunta Ma—. ¿Puedes ir a buscar un aguacate para hoy? Dile a don Joe que te dé uno que esté bueno y regresa derechito. No hables con nadie más que con don Joe.

Sí, creo que puedo hacerlo. Un aguacate para hoy, no para mañana o pasado, ¡sino para hoy! "Un aguacate para hoy", repito. Busco la forma de memorizarlo. Lo iré repitiendo una y otra vez en mi cabeza hasta que llegue a la tienda, y luego lo diré en voz alta tan pronto como entre y vea a don Joe. Perfecto. Vuelo escaleras abajo diciendo: "un aguacate para hoy, un aguacate para hoy, un aguacate para hoy...". Entro, pero no está don Joe, sino don Tito, y todo se me borra de un golpe.

—Hola, Sonia, ¿qué tal? —dice, y me lanza una de sus sonrisas relámpago.

Lo miro. ¿Qué era? ¿Qué era lo que quería?

—¿Qué necesitas, hija?

Corro afuera y grito a la ventana del apartamento hasta que Ma asoma la cabeza.

—Ma, se me olvidó.

Mi madre retuerce los ojos antes de desaparecer y reaparecer. Me tira varias monedas envueltas en un pedazo de papel. Las atrapo y regreso solemne a la bodega. Don Tito lee la nota, palpa los aguacates y los sacude cerca de su oído hasta que escoge el perfecto para ser comido hoy.

—Aquí tienes —dice—. Deben comérselo hoy, no mañana, hoy.

Después de anotar nuestra compra en su libreta, me da el aguacate dentro de una bolsa y regresa a cortar carne de cerdo.

"Qué tonta soy. No puedo recordar nada", pienso.

Justo entonces veo una bandeja de dulces de coco recubierta con papel encerado. Mientras miro las moscas tratando de colarse por debajo del papel para llegar al dulce, recuerdo una conversación que escuché en casa: "No hay dinero, no hay dinero, no hay dinero, no tenemos ni un centavo". Y se me ocurre una idea brillante. Don Tito ya se ha olvidado de mí, así que agarro un dulce y corro escaleras arriba.

Ma está feliz con el aguacate, y como la tengo hoy todo el día para mí sola, me entran deseos de compartir el dulce robado con ella.

—Hmmmmm —dice ella frotándose la panza—, está delicioso, pero no vuelvas a comprar nada más a crédito sin decirme, ¿*okay*?

—Pero no lo compré, Ma —digo masticando—. Es gratis.

—¿Don Joe te lo regaló?

—Don Joe no estaba, el que estaba era don Tito.

—¿Y él te lo dio?

—Nadie me lo dio. Me lo robé.

Ma deja de masticar.

—¿Que tú qué?

—Me lo robé. Lo agarré gratis.

Ma traga y se queda mirándome seriamente.

—Robar es algo muy malo. Nunca debes robar.

—Pero ustedes siempre dicen que no tienen dinero…

—No, no, no. Eso no importa. Cuando robas se le rompe el corazón a la Virgen María y ella llora.

—¿Cómo lo sabes?

—Lo sé porque empieza a llover.

—¿Qué?

—Sí, cuando llueve es que la Vírgen María está llorando porque sus hijos han hecho algo malo. Tienes que bajar ahora mismo. Toma, dale a don Tito estos tres centavos y pídele disculpas —dice.

Bajo.

—Hola, Sonia, ¿te puedo ayudar? —pregunta don Tito.

—Sí… —comienzo a decir, pero me callo. Estoy aterrada.

Él me mira, esperando.

—¿Algún problema con el aguacate…?

—Yo… eh… Yo…

Trato de sacar coraje para decirle lo que hice y que lo siento, pero no puedo.

Don Tito suspira, y como está acostumbrado a que todo el vecindario se la pase en la bodega, después de un rato regresa al fondo.

—Cuando sepas lo que quieres me avisas, ¿*okay*? —dice.

Miro las moscas pegadas en la cinta adhesiva que cuelga del techo y cuento todas las latas de salsa de tomate en los estantes. Finalmente se me ocurre qué hacer. Como lo estoy haciendo por la Virgen María, beso los tres centavos mirando hacia el cielo donde ella está, los dejo en el mostrador y huyo.

—¡Sonia…! —me llama don Tito con su vozarrón cuando estoy llegando a la puerta.

Pero no me detengo. Sigo y corro escaleras arriba, pensando en la Virgen que llora cada vez que algún niño hace algo malo en el Bronx.

A los pocos días, en medio de la noche, escucho el ajetreo de Ma en su habitación poniendo una bata de casa en una pequeña maleta, y veo a Pa poniéndose los pantalones. Cuando me acerco para investigar me mandan a volver a la cama. No sé a dónde habrá ido Ma, pero tiene algo que ver con el bebé. Durante los días que espero su regreso no me despego de mi padre. Un día decide hacer alguna reparación en su carro en la acera del frente de nuestro edificio y lo veo abrir el bonete, mirar bien y luchar con algo allá adentro. Finalmente saca la cabeza, abre el baúl y me da una jarra.

—Ve a donde don Joe y tráeme un poco de agua.

Me agrada que me envíe a hacer mandados como Ma.

Mi padre espera hasta que se despeja el tráfico en la Third Avenue.

—Cruza ahora —me dice.

Corro y relleno la jarra con agua, pero al regreso me entretengo mirando una entrega de carbón. Los trozos saltan y repican cayendo por el tobogán, alimentando nuestro hambriento edificio. No sé cuánto tiempo paso así antes de darme cuenta de que llevo demasiado tiempo, y de repente echo a correr atravesando la calle sin mirar y un carro negro me pasa tan cerca que me tambaleo. Me las arreglo para que no se bote el agua. El carro frena un poco y yo miro al otro lado de la calle para ver si mi padre me ha visto. Cuando el chofer ve que estoy bien, acelera y yo suspiro aliviada de que mi padre esté todavía trabajando tan enterrado debajo del bonete que solo se le ve el fondillo.

Me alegro de que no haya visto lo que pasó. Me hubiera regañado porque nunca presto atención y me diría que tengo que salir del regazo de mi madre, lo cual sucederá de todos modos cuando llegue el nuevo bebé.

"¿A quién le importa?", pienso de repente. ¿Podría el nuevo bebé cruzar la avenida corriendo, casi ser arrollado por un carro y no derramar ni una gota de agua?

Ma regresa del hospital con Joe y se arma un gran revuelo en todo el vecindario y todos los adultos se burlan más aún de mí diciéndome que me han quitado el regazo de mi madre. Sé lo que significa eso. Ellos quieren decir que ahora Joe será el *baby* de la casa.

Semanas después Joe está enfermo y la habitación en la que está la cuna se ve espeluznante y sombría, alumbrada con velas. Joe está desnudo, y luce diminuto y perdido, bajo la sombra de la insoportable de Genoveva, que no para de dar consejos médicos, y de mi preocupada madre que no le quita la vista de encima al niño. Soy lo suficientemente alta para asomarme a su cuna y su pequeñez me espanta.

Quiero que alguien lo cargue, lo envuelva en una manta y lo cuide, porque es un niño y una criaturita especial, no una "chancleta" como yo. Sé que los niños son mejores que las niñas porque las vecinas siempre hacen muecas de decepción cuando escuchan que alguien tuvo una niña. Incluso lamentan la mala suerte de la madre. Por eso me pregunto por qué no cargan a Joe en lugar de estar paradas ahí sin hacer nada, pero no logro que me miren para darles mi opinión, así que deambulo por el apartamento hasta que me quedo dormida en el sofá.

Al día siguiente veo los dibujos animados en la tele. Hay uno de submarinos y bombas y tipos malos muy divertidos con pequeños bigotitos cuadrados justo debajo de las narices que estiran el brazo derecho hacia delante para decir "hola". En una escena en el océano, un tubo con un ojo grande sale del agua y persigue al submarino por todas partes. Entre un dibujo animado y otro pasan comerciales de caramelos de chocolate. El delicioso chocolate fundido pasa de un molde a otro de manera tan lenta y tentadora que me despierta el hambre. Entro al cuarto de Joe.

—Ma…

—*What?*

Sin decir una palabra ella sabe lo que quiero y vamos a la cocina, donde me da un bol de frutas en conserva que ha estado en el refrigerador por un par de días y luego regresa junto a Joe. Cuando me siento en la mesa y empiezo a comer, veo una pequeña cosa negra dentro del bol. Me acerco y creo distinguir una cucarachita.

—*Ma, look!*

Llega corriendo desorientada y preocupada.

—¿Qué pasa?

—Hay algo en las frutas.

Mira rápido pero no ve nada.

—¿Dónde? ¿Dónde?

—*There* —le señalo—, ¿no la ves…?

En ese momento Joe da un pequeño gemido.

—No tiene nada, cómetelas…

Regresa corriendo al cuarto de Joe y miro mi comida otra vez. Esta vez estoy absolutamente convencida de que hay una cucaracha. Me como lo que está alrededor de la misma, pero siento arqueadas en el estómago y no entiendo por qué, pues por lo general adoro el coctel de frutas Del Monte.

Esa noche duermo en mi cama y no en el sofá y el sonido de un raspado metálico me despierta. Estoy de espaldas a la pared, pero sé que es el ojo del submarino en el dibujo animado de la tele que viene a visitarme. Puedo sentirlo vigilando y chillando al más mínimo de mis movimientos. Cuando respiro, se acerca tanto que puedo sentir su aliento en la nuca. Estoy paralizada del miedo y tan asustada que no puedo ni moverme, aunque escucho a Aurea y a Ma en la cocina y siento ganas de orinar. Pero si pego un chillido o si grito, el ojo me atrapa.

Finalmente entra Ma cargando a Joe.

—¿Qué te pasa?

Intento hacerle una señal con los ojos pero ella no reacciona. ¿Podrá ver el ojo que está detrás de mí?

—Ven a comer… —dice.

Me levanto como si cargara un charco de miedo en los riñones.

—Apúrate.

Cuando me doy vuelta para mirar a mi espalda, el ojo ya se ha ido.

—¿Qué te pasa? —pregunta Ma de nuevo.

En ese momento se nos une Aurea. Les cuento sobre el ojo. Escuchan cada palabra mía como si fuera la cosa más importante que fueran a escuchar en sus vidas, o como si me estuviera saliendo un gusano por la nariz. Ambas fascinadas y horrorizadas.

—Lo soñaste —dice Aurea.

—Por supuesto que fue un sueño —añade mi madre mirándome con desconfianza y tocándome la frente para ver si tengo fiebre—. ¡Ni te atrevas a enfermarte! —añade.

—No, estaba ahí —insisto.

—No seas estúpida —responde Aurea—. No entró ningún periscopio a tu cuarto. Lo soñaste. Vamos, ven a comer —dice, y ambas me dan la espalda.

—*Wait* —digo.

Se vuelven y esperan.

—No solo eso. Ma me pegó ayer con un gancho de ropa de alambre.

—*What?* —chilla mi madre.

—¡Sí lo hiciste, lo hiciste! —repito.

—¿De dónde estás sacando esas ideas locas, muchacha? ¡En mi vida he hecho algo así y nunca lo haré! ¿Te has vuelto loca?

Sé que nunca sucedió pero, sin embargo, creo en lo que dije.

Cuando Joe está más fuerte y el clima se pone cálido vamos a la playa con abuela, aunque a nadie le gusta. Abuela odia el viento fuerte. Pa odia la arena que se le mete dentro de los zapatos negros y los calcetines. Ma odia que se le entierren los tacos en la arena, y Joe es solo un bebito. ¿De quién fue la idea de venir a la playa entonces? Miro a todas las familias felices debajo de sus brillantes sombrillas, vestidas con *shorts* y sandalias mientras los adultos de mi grupo todos tienen ropa de domingo. A Aurea le permiten jugar en la orilla. Estoy feliz cavando en la arena y simulo estar ocupada para poder mirar su figura oscura y delgada bajo el sol y escuchar a los adultos.

—¿Qué pasó con Juana, la que fue tu mujer? —pregunta abuela.

—Na, ella fue solo… nadie… en realidad…

—Estuviste con ella un par de años —dice Ma con desgano.

—Cosa de muchachos. Nunca me amó —responde Pa.

Dejo de cavar. Sé que Ma no puede haber tenido otro esposo ya que solo las mujerzuelas tienen varios maridos, pero si Pa tuvo una mujer antes, entonces, quizás Aurea es su hija, ¿podría ser? No, ellos se odian. Regreso a cavar el hueco que no lleva a ninguna parte.

Abuela compara Rockaway Beach con las playas de Puerto Rico. Me pregunto si ese pedazo de tierra que veo a lo lejos, entre las olas de Rockaway Beach, será Puerto Rico.

—¡Esta playa está muy fría! —se queja abuela.

—Sí, helada —murmura el resto, y de pronto hacen silencio.

—¿Una silla? —le pregunta Pa a abuela.

Ella la agarra y trata de abrirla. Sus manos son como garras. Cuando está absorta en una tarea murmura "*pérate, pérate, pérate*", que es su manera de decir espérate, hasta que suena como el zumbido de un motor. Y siempre me pregunto por qué hace eso.

—*Pérate, pérate, pérate…* —continúa mientras trata de descubrir cómo funciona la silla de playa. Pero de pronto maldice—: ¡Mal rayo te parta!

En un esfuerzo final por abrirla se parte un dedo. Mi padre inclina la cabeza como si hubiera sido culpa suya, pero ella lo ignora.

Tenemos que empacar nuestras mantas y sándwiches y cervezas y llevarla a la sala de emergencia del hospital.

Más tarde, ya en casa, mientras Ma se desviste y yo deambulo por la habitación buscando algo con qué entretenerme, me encuentro en las gavetas una foto de Aurea cuando era de mi tamaño. Luce tan linda, pero está parada en un camino de tablas delante de una casa de madera destartalada. ¿Será este lugar El Fanguito, donde los bebés se ahogan al caer debajo de las casas? ¡De pronto sé algo nuevo! O quizás siempre lo supe y ahora es que lo recuerdo. O lo sabía y se me olvidó. Como quiera que haya sido, sé esto: ¡Aurea y yo no somos hijas del mismo padre! ¡Incluso recuerdo haber escuchado su nombre! ¡Se llamaba Aureo! ¡Aureo Andino! ¡Es su mismo nombre pero terminado en "o"! Sí, sí, y me pregunto cómo pude haber olvidado esta vieja historia que escuché en la cocina o entre las olas de sonidos que flotan por todo el apartamento. Ma dijo que ella y Aurea estaban una vez en el *downtown* y vieron a un hombre al que ella señaló con el dedo y dijo: "Ese es tu padre, Aurea Andino".

Ma tiene una pierna encima de la cama y está quitándose las medias largas que llevó a la playa cuando comprendo todo esto de pronto.

—Ma, ¿tú eres la mamá de Aurea pero ella tiene un papá diferente que se llama Aureo, verdad? Aureo Andino, *right, right*?

A mi mente le encanta que las cosas se aclaren. Pero Ma se queda con la media a la mitad de la pantorrilla y me lanza una mirada tan dura que siento como si me apuñalara en la cabeza.

—No se te ocurra volver a mencionar ese nombre en esta casa —dice.

Su mirada punzante hace que contenga mis emociones hasta que me doy cuenta de que está hablando en serio. Pero a quién le importa. ¡Aurea es mi hermana!

CAPÍTULO 4

La niña invisible

Soy invisible o me estoy desvaneciendo.

Genoveva está a punto de llevarme a la escuela y estamos casi en la puerta cuando recuerdo algo.

—Mi pañuelo, necesito un pañuelo de papel.

Estoy tan feliz de haberme acordado esta vez.

—*AveMaríaPurísima* —exclama Ma corriendo al baño y arrancando un pedazo de papel sanitario—. Aquí tienes "un pañuelo", *¿okay?*

Me quedo mirándola vestida con gorro, bufanda, guantes y abrigo, y ella se irrita por tener que desvestirme para guardar el pañuelo en el bolsillo de la falda.

—Paciencia —dice estirando los dedos desesperada hacia el cielo.

Después de halar y empujar y desabotonar y meter el pañuelo de papel en mi bolsillo, me besa con brusquedad y me sacude para afuera como si barriera polvo con la escoba.

La Escuela Pública 4 es antigua y bella, con altas ventanas que deben abrirse con ganchos en el extremo de largas varas, y lujosas ventanas en forma de abanicos sobre las puertas muy por encima de mi cabeza. Estoy en kínder y lo único que hacemos es jugar. Me muero de impaciencia por organizar los cubos para jugar mi juego favorito: ¡saltar por la ventana de un apartamento en llamas! Practico todo el tiempo porque no soy como esos niños que salen en los periódicos que siempre se mueren porque tienen miedo de saltar.

—Todos a quitarse los abrigos —dice cantando mi linda maestra.

Primero me quito los guantes, después el gorro, sigo con la bufanda y el abrigo, luego el suéter, la blusa, después la falda y, de súbito, me doy cuenta de que estoy en ropa interior. Ma me pone tanta ropa que empiezo a desvestirme y sigo con tanto impulso que no puedo parar. Me parece divertido, pero cuando miro a mi alrededor veo que nadie se ha dado cuenta. ¿Cómo es posible?

Me visto de nuevo y juego a saltar por la ventana, pero el chico que tiene que atraparme se va y caigo a lo largo sobre la alfombra. ¿Será que no me vio volar hacia él? Más tarde, cuando nos sentamos en círculo, la maestra linda nos pide a cada uno que le enseñemos nuestros pañuelos o servilletas. Estoy orgullosa cuando llega a mí porque por primera vez no me he olvidado.

—¿Dónde está tu pañuelo, Sonia?

Se lo muestro orgullosa. Ella lo toma de mi mano y deja que se desdoble perfectamente en pequeños cuadrados para que todos lo puedan ver, y entonces me pregunta:

—¿Es esto un pañuelo? ¿Te parece?

Veo un pañuelo, ¿acaso ella está ciega?

—Miren todos para acá. Esto es lo que la familia de Sonia piensa que es un pañuelo.

Pero *es* un pañuelo. ¿Por qué ella no puede verlo?

—Claro que no es un pañuelo —dice metiendo la mano en su bolso y sacando un Kleenex—. Esto es un pañuelo de papel.

Por más que miro no veo la diferencia.

En casa Ma no ve que se me están cayendo los *panties*. Son tan viejos y tienen el elástico tan estirado que me bailan en las caderas. Doy dos pasos y se me deslizan hasta los muslos, dos más y me llegan a los tobillos. La única solución es caminar agarrándolos por encima del vestido.

Durante varios días los sostengo en un puño cuando voy para la escuela y casi funciona hasta que los niños más grandes me rodean en el recreo y me meten los dedos por debajo de la falda. Pateo y pateo con todas mis fuerzas, pero solo puedo golpearlos con una mano porque con la otra me estoy agarrando los *panties*. Lo único que los detiene es el sonido del timbre al final del recreo. Se van corriendo pero todavía puedo sentir sus dedos.

Voy tarde de regreso al salón con el vestido desaliñado y el cuello blanco todo desgarrado.

—¿Por qué te has retrasado? —pregunta Mr. Applebaum, el director, cuando me ve.

Le cuento lo que ha pasado.

—Eso te pasa por jugar con los chicos —dice acercándome la cara con su nariz grande y carnosa casi tocando la mía—. ¡Y suéltate el vestido!

Cambio de manos sin que lo note, levantándome los *panties* mientras regreso al salón.

En la casa espero a que Ma me preste atención.

—Déjame tomarme esta tacita de café tranquila, *please* —me ruega entrando.

Se prepara un café fuerte como un sirope y se hunde en su sillón. Después de un rato, apoya la cabeza en una mano y se queda silenciosa, pero incluso así parece estar luchando. Cuando veo que no se levanta y ni siquiera bebe su café, me alejo. Mientras deambulo por el apartamento, me sorprende notar la suciedad incrustada en mis tobillos. Solo había visto algo así en la base de los pómulos de Moncho, el vagabundo, o en los tobillos de los niños gitanos que pasan por nuestro barrio y viven echados en los portales de las tiendas. ¿Hace cuánto que mis tobillos están así? ¿Estaré siendo invisible hasta para mí? ¡Increíble! La mugre se mueve cuando flexiono y estiro el pie, y siento que debo enseñarle a alguien este fantástico fenómeno, así que entro en la habitación de mi hermana. Espero de pie, junto a la puerta, para ver si está de buen humor. Espero a que se voltee y me hable, pero me lanza una mirada siniestra. Está haciendo un álbum de estrellas de cine, con fotos de Tony Curtis y Janet Leigh, los actores más bellos de todos los tiempos. Está concentrada engomando un corazón junto a cada una de sus caras y conectándolas luego con una fina cinta rosada. Me acerco sigilosamente, sentándome en la cama para estar más cerca, pero ella no me hace el menor caso, así que me deslizo hasta una jarra de lápices.

—*Don't touch that!* —dice sin mirar.

Agarro en cambio su montón de papeles de colores.

—Suelta eso.

Me gustaría que me dejara tocar sus papeles y lápices de colores, pero ella se voltea sobre su proyecto furiosa. El álbum es tan grande que podría usarse de taburete. Pero yo tengo algo que mostrarle también.

—¿Quieres que te enseñe una cosa? —digo para picar su curiosidad.

—No.

—Mira —digo enseñándole mis tobillos.

—¡Qué asco! ¡Maaaaaa!

—¿Qué cosa? —pregunta Ma entrando.

—*Look!*

Ma me revisa los tobillos y me arrastra hasta el baño, donde vemos una cucaracha en la bañera.

Justo la semana pasada Ma fumigó, y cuando pudimos regresar a casa lo encontramos todo cubierto de cucarachas muertas, con sus cómicas patas para arriba. Los ojos de Ma brillaban con la alegría del éxito y la conquista al barrerlas triunfante haciendo una pila en medio de la habitación, igual que la gente en la televisión apila las hojas en el césped durante el otoño.

—Dinero no tendremos, pero cucarachas hasta para regalar —dijo riendo mientras barría todos los cadáveres livianos y secos. Había mojado un borde del periódico para que se pegara al suelo y sirviera de recogedor.

Ahora veo que la cucaracha en la bañera que logró sobrevivir realmente le molesta. Después de aplastarla y descargarla por el desagüe, me hace meterme en la bañera.

Espero a que el agua tibia me cubra los mugrientos tobillos.

—No olvides restregarte las rodillas y los codos —dice saliendo como un cohete por la puerta y gritándole a mi hermana—: ¡Aurea, ayúdame a descongelar el refrigerador!

Me restriego los tobillos hasta que brillan de limpios, pero cuando comienzo a frotarme las rodillas, el movimiento de la toallita me recuerda el dobladillo de una falda, así que cubro mi rodilla con ella de forma tal que parezca el borde de la falda. Luego me la cuelgo al hombro e imagino que es una elegante manga; en la ingle se convierte en la parte inferior de un traje de baño…

—¿Qué estás haciendo?

¡Regresó Ma!

La miro desde mi mundo de moda acuática.

—¡Te dije que te restregaras los tobillos! Mira, ¡si no te lavas las rodillas y los tobillos se te van a volver de hojalata! ¡Así que hazlo ya! —dice poniendo punto final a su orden con un portazo.

Me quedo pensando en lo que dijo. ¿"Hojalata"? ¿Que se me volverían las rodillas de hojalata? ¿Como la hojalata del Hombre de Hojalata en *El Mago de Oz*? Dobladas lucen bastante bien, pero cuando las estiro se ven oscuras. ¿Será mugre? Las restriego y vuelvo a examinarlas, pero no lucen más limpias por mucho que las froto.

De pronto comienzo a sentirlas un poco rígidas. Oh, no, no puedo doblarlas. *Oh my God! Oh my God!* No voy a poder volver a caminar. Siento que mi rostro también se endurece como la hojalata y lo único que se mueve por él son mocos y lágrimas que me llegan hasta la barbilla. Ma irrumpe de nuevo en el baño.

—¿Qué te pasa?

—Mis rodillas se volvieron de hojalata.

Me mira fijamente. Después de un momento se sienta en el suelo, se recuesta contra la pared poniendo las manos sobre las rodillas y descansa. Dejo de llorar para mirarla.

—*What's the matter?*

Continúa seria y silenciosa, sin decir ni una palabra.

—¿Ma…?

Pero ella no me escucha ni siquiera cuando finalmente se arrastra hacia mí, me frota la cara con la toallita, me ayuda a salir de la bañera, me seca y me pone el pijama. Cuando pasamos por la sala veo la cálida luz que se filtra por debajo de la puerta de la habitación de mi hermana y ya en la cama sueño con lápices y papeles de colores.

En la escuela hay montones de lápices de colores, papel e incluso crayones. Cuando llega Halloween dibujamos calabazas y hojas y las cortamos con tijeras.

—Coloréenlas con los bellos colores del otoño —dice la maestra—. Amarillo, anaranjado, dorado y morado.

Creo que es tonto que nos diga que las hojas son amarillas, anaranjadas, doradas y moradas, porque todo el mundo sabe que las hojas son verdes y luego se vuelven marrones antes de desprenderse de los árboles. Pero hago lo que dice y así puedo usar todos los crayones. Hasta las pintaría de azul si eso la hiciera feliz.

—Muy bien, Sonia. Vamos a adornar las ventanas con tus hojas.

Aurea y yo nos disfrazamos de vagabundas para salir *trick-or-treating* el día de Halloween. Entramos y salimos, subimos y bajamos, corriendo por los edificios, tocando en todas las puertas, ¡y la gente nos da dinero! Es divertido y maravilloso, y miramos por encima del hombro a los niños blancos locos de otros vecindarios que no saben disfrazarse de nada y llegan armados con medias largas llenas de tizas de colores, y de pronto nos caen encima.

—¡Ahí vienen! ¡Corre! —dice Aurea.

¡Bang! Un chico con el pelo amarillo erizado y los dientes verdes le pega con su media antes de golpearme a mí, dejando una nube de polvo rosada marcada en nuestras espaldas. No duele pero gritamos y chillamos tratando de escapar, para seguirles el juego. Cuando finalmente logramos llegar a nuestra casa parecemos vagabundas disfrazadas de arcoíris.

—¿Y a ustedes dos qué les pasó? —pregunta Ma—. *¡Maronna!*

Ma trabaja con unas costureras italianas y le gusta sonar como ellas.

Al día siguiente en la escuela la maestra pregunta qué hicimos por Halloween. Le respondo que nos disfrazamos de vagabundas y nos dieron dinero…

—¿Dinero? ¿Ni caramelos ni golosinas?

—No… —respondo cautelosa.

—¿Y qué hicieron con el dinero?

"Qué pregunta tan estúpida", pienso.

—Comprar caramelos —le respondo a la maestra.

Está tan sorprendida que tartamudea.

—Si ustedes reciben dinero… lo menos que pueden hacer es donarlo a la UNICEF… —dice.

¿Regalar nuestro dinero? Debe de estar loca, así que ni me molesto en contarle sobre los chicos blancos que nos golpearon con medias llenas de tizas de colores. No lo entendería.

CAPÍTULO 5

Cosas de la vida navideña

—¿Debemos contárselo? —le pregunta Mimi a su hermano Chaty.

Mimi es pálida y delgada, y tiene la misma mirada enfermiza, sudorosa y brillante de siempre.

—No, no lo hagas —responde Chaty.

No estoy segura de querer saber lo que ellos no quieren decirme. Estamos en la sala de su casa esperando a que regrese Iris. La televisión lleva medio rota casi un año, pero el movimiento en la pantalla parece no molestarle a nadie, y menos a Mickey que está sentado a dos pies de la misma, con su rostro puntiagudo mirando hipnotizado. Supongo que con su problema mental le parezca que se ve perfecta.

—*Let's tell her* —insiste Mimi.

—Dime —le digo.

—No —vuelve a decir Chaty.

—Pero ella quiere saber —responde Mimi.

Continúan en este dilema por un rato hasta que Mimi me pregunta:

—¿Cómo llegan los regalos de Navidad?

—Santa Claus… —respondo cautelosa.

No sé si deba contarles toda la historia. Cómo Santa por arte de magia disuelve la ventana detrás de nuestro árbol navideño, entra con cuidado, deja nuestros regalos, sale nuevamente afuera y mágicamente vuelve a poner la ventana en su sitio.

—¿Y por qué deja algunos regalos para nosotros en tu casa? —pregunta Mimi.

"Para no perder tiempo", pienso.

Si Santa tiene que esperar a que nosotros los puertorriqueños dejemos de fiestar en Nochebuena y nos acostemos, jamás terminaría de repartir regalos, e interrumpiríamos las entregas en medio mundo. Por esa razón, a menudo Santa deja en la casa de un pariente regalos para toda la familia. Pero no les digo nada de esto. Las miradas y sonrisas entre Mimi y Chaty me hacen sospechar.

—*Come look* —dice Mimi finalmente.

Entramos en la habitación de los chicos. Es tan pequeña que la puerta choca contra la litera que está pegada a la pared. Ambas camas están en total desorden y las sábanas brillan del hollín. Aunque la ventana da para el traspatio, una luz mortecina se filtra por ella. Mimi abre la puerta de un pequeño clóset.

—Mira —dice.

Encima del estante hay cajas envueltas en papel satinado rojo y verde con bonitos lazos dorados.

—Esos son los regalos de Navidad. Nuestros padres los compraron. Santa Claus no existe —explica Mimi.

Retrocedo lentamente y salgo de la habitación, sin saber qué hacer con esta noticia. ¿Me la echo a la espalda? ¿Me la siento en las piernas? Al piso. Nos sentamos a ver televisión pasando canales sin parar por un rato porque nadie sabe qué decir.

Finalmente, Chaty molesta tanto a Mickey que este lo derriba y le tira un pedo en la cara. Cuando llega la hora de marcharnos, de repente Mimi suelta en ráfaga:

—*Okay*, mira, Santa sí existe. Era solo una broma…

—*Yeah, right* . . . —dice Chaty.

Arrastro esta nueva carga conmigo sin responder. Al llegar a casa mis padres están discutiendo por un lechoncito que hay en la mesa. Es rosado con algunos pelos negros.

—¿Qué se supone que haga con esto? —grita Ma.

—¿Qué tú crees? ¡Prepararlo! —dice riendo Pa, y sale.

—Odio esta basura… —exclama ella cuando ya él se ha ido.

Pienso en Santa… ese traidor.

—Ve y trae a Genoveva —me dice.

Lo hago.

—¿Qué pasó? —pregunta Genoveva al llegar.

—Mira esto —le responde Ma resoplando como si no supiera qué cosa es—. En mi vida he preparado una cosa así.

No entiendo qué está pasando. Primero las noticias de Santa Claus, ¿y ahora mi madre olvidó cómo cocinar?

—Solo machaca un poco de ajo, orégano, échale aceite de oliva y vinagre, y ve untándoselo al lechón —dice Genoveva.

—¿En serio? —dice Ma abrumada como si nunca antes en su vida hubiera oído hablar de esos ingredientes.

—Déjame que te voy a enseñar —se ofrece Genoveva, y agarra el pilón de madera y machaca algunos ajos, añade las otras cosas y hace una pasta—. ¿Ves? —dice cuando termina.

—¿Y ahora qué hago? —pregunta Ma tímidamente.

—Bueno, le haces unos hoyos al lechón y por ahí pones esta sazón.

Mi madre parece no entender ni inglés ni español. Genoveva agarra un cuchillo y comienza a apuñalar el lechoncito rosado por todas partes. Luce como si estuviera acuchillando a un bebé y luego le pusiera vinagre y ajo en las heridas, así que me voy a mirar nuestro árbol de Navidad para pensar en Santa Claus e imaginar historias sobre sus adornos como siempre he hecho. El adorno en forma de caballo va en camino a encontrarse con el adorno ratón para llevarlo a pasear, y pararán a darles unas mordidas a los bastoncitos de caramelo, y luego recoger a un ángel que cabalgará sobre la cabeza del ratón hasta la punta del árbol. No importa que Santa no exista.

Escucho la puerta. Es mi padre.

—¿Y *ahora* qué hago con este lechón? —dice Ma—. ¡Te dije que no iba a caber en el horno!

—¿Por qué te preocupas por eso? Lo voy a llevar para que lo hagan en la Panadería Valencia.

Entro en la cocina justo a tiempo para verlo metiendo el lechón en una caja de cartón. Unas horas después regresa con el lechón asado a la espalda.

—¡Qué rico! —dice Ma, probando un pedacito de chicharrón.

—Menos mal que no te has olvidado de cómo comértelo —bromea mi padre.

Me voy a la ventana a esperar por la erupción de Nochebuena. Está nevando, pero tengo la esperanza de que pare. Aunque hay miles, millones de canciones sobre lo bellas que son las blancas navidades, e incluso los dibujos de Navidad en la escuela tienen copos de nieve, siempre rezamos para que no nieve esa noche, porque después de celebrar en casa nos vamos en carro a la fiesta en la casa de alguien.

De pronto, el apartamento se llena de parientes y de todos los vecinos del edificio. Flor con su falda apretada y las medias largas con la costura hacia atrás, Iris encaramada en sus altos tacos, los primos de la avenida Fulton y Edito, que me lleva aparte.

—Vamos a quedarnos despiertos toda la noche para sorprender a Santa —dice.

Lo miro y me pregunto si estará bromeando, si también él sabe que Santa no existe. Traen las sillas de la cocina para el comedor. Tío Eddie afina la guitarra, alguien ralla el güiro con un tenedor y Ma canta un aguinaldo. Tío Frank está tan encantado con sus hermanos que aplaude, no como un adulto sino como un niño jugando a las palmadas, sentado en la silla, marcando ligeramente el ritmo con los pies. Mi padre no sabe a dónde mirar de la felicidad, y siento que mi Ma es mejor que las demás madres que solo cocinan y sirven la comida, porque ella también sabe cantar.

—Bravo… —dicen todos aplaudiendo al terminar la canción.

Entonces hay un alboroto de sillas chirriando y guitarras rasgadas, y hay brindis y se toman tragos de ron. Por mucho que me fije nunca veo que Ma y tío Eddie se hagan alguna señal para comenzar la próxima canción; ni siquiera los veo decidiendo qué canción cantar después.

Hacen una pausa para comer y beber. Edito y yo y los primos de Fulton estamos dando vueltas. Los primos de Fulton ya han olvidado lo que me dijeron. Chaty despega y los demás lo imitamos; volamos alrededor cada vez más rápido; y entonces intentamos chocar unos contra otros; o nos ponemos zancadillas, mientras esperamos, desesperadamente, que pase algo.

Chano, el cantante, aparece en nuestra puerta. Solo lo veo una vez al año cuando sigue a mi tío cantando aguinaldos y siempre luce igual. Un hombrecito en un traje azul pálido, calcetines finos y zapatos negros de puntera fina, su pelo es increíblemente grueso y ondulado; su rostro luce como cavado en la roca y sus ojos son rasgados hacia arriba.

Como una estrella de cine, pone el pie sobre la tranca de la puerta, echa la cabeza hacia atrás y comienza a cantar una canción inventada sobre la ropa que lleva puesta mi madre y cuán generoso es mi padre con el coquito, esa bebida cremosa de coco que no me permiten probar porque tiene ron. Cada letra es más ingeniosa y divertida que la anterior. Pero ahora comienza a cantar sobre el nacimiento de Jesús.

—"Ya vendrán los reyes…"

Y sigue siendo la historia más bella que he escuchado, al margen de que exista o no Santa Claus.

Para entonces la pequeña llama de nuestra fiesta se ha convertido en un incendio categoría tres y varias canciones después es hora de irnos a otra parte. Estamos encendidos de amor, música y tristeza por el pobre niño en el pesebre.

Edito y yo y los primos viajamos por las escaleras hasta la calle montados en la ola de madres haciendo malabares con los niños pequeños y la comida, sus tacos altos deslizándose dentro de la nieve, mientras que los hombres sostienen las guitarras sobre sus cabezas. Nos amontonamos dentro de nuestros cacharros y con las ruedas patinando sobre la nieve salimos para otro barrio. Allá hacemos lo mismo, convirtiendo la parranda en un largo desfile de fiestas mientras viajamos, entre resbalones y deslizamientos por todo el Bronx.

De pronto ya es Navidad. Despierto con la cara enterrada en el forro plástico del sofá de Iris y Edito se está sosteniendo la cara entre las manos, mirándome como un búho.

—No lo logramos —me dice mientras me despego del sofá.

—No…

—Nos quedamos dormidos y no vimos a Santa…

—*Merry Christmas*, Sonia —dice Iris, dándome un juego de tacitas exacto al que me entregó el año pasado.

El día de Navidad lo pasamos en un sopor de agotamiento y es hora de irse a la cama cuando le puedo decir a Ma lo que sé sobre Santa.

—¿Quién te dijo eso? —dice contrariada.

—Mimi y Chaty.

—Niños estúpidos —dice rechinando los dientes.

Pero a mí en realidad no me importa. Me dejo vencer por el sueño, aliviada porque la historia sobre el niño Jesús es tan increíble como la de Santa Claus, pero nadie dice que *esta* otra historia no sea cierta.

—¡Guerra! ¡Guerra interplanetaria!

Los chillidos de Pa me despiertan del sueño más profundo. *What?* ¿Qué? Siento el corazón a cien latidos por minutos. Estoy confundida. Es de día, por la mañana… y las cosas malas solo suceden en la noche. Mi padre entra en mi habitación.

—¡Cállate!

Cerramos los ojos mientras me dice que me calle. Lo miro y me doy cuenta de que he sido yo la que he gritado. Me da la espalda y regresa gritando como un maniático sobre la guerra interplanetaria, después sobre la declaración de guerra entre Puerto Rico y El Barrio.

—¡Guerra entre Puerto Rico y El Barrio!

¿Qué? Mi mente trata de clasificar todo lo que está pasando con las ideas cayendo en su sitio como bolas en una máquina de *pinball*. No hay peligro. ¡Ja, ja! Lo que dice es gracioso, recuerdo que es domingo después de Navidad y vamos a El Barrio a visitar a abuela.

Nos amontonamos dentro del carro.

—Ey, Pa, ¿por qué tú nunca vas a la iglesia? —pregunto.

—Porque cuando Jesús caminó por la tierra robó gallinas como todos nosotros.

—Ey, Ma, ¿por qué tú no vas a la iglesia todos los domingos?

—No tengo que ir. Jesús sabe que soy una pobre madre trabajadora.

—¿Cómo es posible que hayamos comido carne el viernes pasado?

—Porque Jesús sabe que soy una pobre madre trabajadora.

Para entonces ya estamos cruzando el puente de la avenida Willis. Estacionamos justo frente a la casa de abuela, en la calle 111.

—¡Linda mantiene la casa de tu abuela brillando como un espejo! —dice Ma mientras subimos las escaleras del edificio de ladrillos terracota hacia el apartamento. Incluso cuando entramos, vemos que Linda, la esposa de tío Ángel, está puliendo la mesa.

—¡Hola! —nos saluda con una voz musical que me hace acordarme de Blanca Nieves cuidando a los siete enanitos.

Linda es tan alegre y divertida que creo ver destellos dorados saltando de la estela de su paño de limpiar. Sus hijos, Evelyn y Peter, son un reflejo tan perfecto uno del otro que parecen gemelos, pero sé que no lo son. Mi tía, La Boba, me abraza, mientras mi padre, inclinando la cabeza, le dice a mi abuela que lo bendiga. Ella lo bendice y él apenas parece notar a su hermano Ángel, quien tampoco lo saluda.

—Sooonnniiiaaa —dice tío Ángel con una sonrisa dándome una muñeca de Shirley Temple. Mi tío trabaja en una juguetería y me regala una muñeca de Shirley Temple todos los años. De todos modos casi se me para el corazón de lo bella que es—. ¡Felicidades! —me dice.

Pero antes de que pueda responderle, Virginia, la hermanastra de Pa y tío Ángel, entra como una ráfaga.

—¿Qué tú haces limpiando un domingo? —reprende a Linda—. ¡Es el día del Señor!

—Es que todo estaba virado al revés después de Nochebuena —dice Linda sonando poco convincente, y poniendo a un lado su paño mágico—. Pienso…

—Es un día para descansar y dar gracias al Señor por todas las bendiciones que nos ha dado —alega Virginia.

—Sí.

Ma se comporta como si no estuviera en la habitación y Pa decide salir por un minuto afuera. Los rizos rubios de mi muñeca me hipnotizan.

—Sonia…

Los rizos son gruesos y elásticos.

—Sonia…

Finalmente me doy cuenta de que Virginia me está hablando y la miro.

—¿Tú has aceptado a Jesucristo en tu corazón? —pregunta.

¿Mi corazón? Miro a Ma.

—Ven conmigo a la escuelita dominical por un rato, que voy de camino.

—¿Escuela? —digo. Pensaba que era un día de descanso.

—¡Ven, ven conmigo!

Miro a Ma, que no hace nada y me deja colgando del aire.

—¡La traigo antes de la comida! —dice Virginia comenzando a ayudarme con mi abrigo. Mi muñeca se queda atrapada dentro de una manga.

—Ponla allí. Va a estar ahí cuando regreses.

Soy arrastrada lejos, abandonando a Shirley Temple en el sofá bocarriba con las piernas en el aire.

Terminé calle abajo, en una de esas iglesias que parecen tiendas por fuera. No es un lugar bonito, oscuro y aterrador como la iglesia Our Lady of Victory. Me siento junto a un montón de niños. Virginia y las otras mujeres que dirigen la iglesia parecen todas iguales por la manera en que se visten. No están maquilladas, y todas usan faldas largas y zapatos horribles. ¿Por qué no usan zapatos sexy como Iris, o como los zapatos de puntera de mi propia madre? Nos dan papel y crayones. Decido pintar una princesa, y justo cuando estoy dibuján-dole una corona dorada, Virginia nos pide que dejemos de dibujar. Dice que es hora de que confesemos nuestros pecados. Un niño detrás de otro se pone de pie y les dice a todos lo despreciable que es. Cuando es mi turno me quedo sentada en la silla.

—Vamos, Sonia, acepta a Cristo en tu corazón.

No hago ni el más leve movimiento.

—Es hora de que digas tus pecados.

Me quedo sentada y recito mis pecados en mi cabeza, en caso de que Dios esté de verdad escuchando. No me cae bien esta mujer. No me gustan sus dientes de oro ni sus labios secos y agrietados, y que no lleve las uñas pintadas ni se saque las cejas o se ponga colorete en las mejillas como se supone que hacen las mujeres. Pero lo que menos me gusta es lo "buena" que es.

—¿Sonia…?

No muevo ni una pestaña, como mis muñecas.

Finalmente se rinde y me lleva de regreso a donde abuela, donde me recibe mi bella muñeca. Más tarde, en el camino de regreso a casa, le cuento a Ma lo que pasó.

—Hiciste lo correcto. Los católicos se confiesan con un cura y ya está.

Por como lo dice puedo asegurar que a ella tampoco le gusta Virginia, pero todo este asunto la hace decidir que debo finalmente comenzar a ir a la Iglesia Católica.

Dos semanas más tarde agarra mi certificado de nacimiento y me lleva a la iglesia Our Lady of Victory de la avenida Webster. Tocamos en la sacristía, y una vieja empolvada y blanca como el papel nos abre la puerta y sé que es irlandesa.

—*Yes?*

Luce como si tuviera dolor de muelas o quizás le duele mirarnos. Ma le enseña mi certificado de nacimiento y le dice que quiere matricularme. Esperamos en una habitación muy ordenada con muebles oscuros, una alfombra rojiza, una planta verde enorme y libreros de madera, y mientras nos sentamos noto que la planta está cubierta de polvo como todo lo demás en el lugar.

Después de unos minutos, la vieja irlandesa regresa y nos escolta a la oficina del padre Fitzgerald. Le echo un vistazo al cura antes de que nos vea. Tiene la cabeza grande y huesuda entre las manos y luce tan triste como la estatua de la Virgen María cargando a su hijo muerto que hay en la iglesia. Los rayos de sol que se cuelan a través de los vitrales crean una densa columna con el polvo que flota, y me pregunto qué hace un cura tan triste en un lugar tan ordenado y polvoriento.

El padre Fitzgerald sale de su larga depresión para matricularme en el catecismo. El próximo martes nos recoge a los niños católicos en la escuela y nos lleva a las clases de religión, que se supone que sean de dos y cuarenta y cinco a tres y media. Llegamos a la iglesia a las tres y antes de que nos demos cuenta son las tres y media y hora de irnos a casa. Sin embargo, el padre Fitzgerald nunca está apurado. Es una vara de tumbar gatos al que le cuelga una sotana, y le damos vueltas corriendo por todos lados, como si fuera un palo de mayo y nosotros sostuviéramos las cintas invisibles atadas a la coronilla de su cabeza. A veces lo hacemos reír y no se ve tan triste.

Nuestra maestra es la hermana Trinitos, y nos prepara para la primera comunión enseñándonos muchas otras cosas, además de la historia del niño en el pesebre que he aprendido de los villancicos. Ella dice que el Padre y el Hijo y el Espíritu Santo son la misma cosa, no tres cosas una al lado de la otra, o paradas una encima de la otra, sino una sola cosa. Estoy más interesada en descubrir si la hermana Trinitos tiene la cabeza calva debajo de la cofia, y fantaseo sobre cómo luciría usando un vestido con un sostén por debajo, hasta que ella empieza a hablar del "pecado original". Dice que esto significa que a pesar de que los bebés lucen bellos por fuera, por dentro están manchados de negro por el pecado original, hasta que se bautizan.

Esto no me parece justo: estar marcado con el pecado de otro y calificado como pecador antes de que hayas podido siquiera divertirte haciendo algo malo tú mismo. Veo a los niños mayores preparándose para el bautismo y sé que por dentro son negros, aunque no les veo nada raro.

Trato de entender, pero no puedo.

CAPÍTULO 6

Campamento de hambre

Es verano. Ma es la única madre con cara de funeral. La escuela la ha convencido para que me deje asistir al campamento de la Liga Atlética de la Policía, y me muero por poder estar fuera de la casa toda una semana. La terminal de ómnibus de Port Authority está atestada de niños y padres. Algunos niños tienen sus cosas en mochilas o maletas o incluso en bolsas de papel. Mi maleta es de cartón marrón y por dentro tiene bolsillos satinados.

Ma ni siquiera sonríe cuando subo al autobús. Temo que haya cambiado de idea sobre dejarme ir. Pensé que estaría feliz de no tener que preocuparse por buscar niñera por una semana, pero ahora creo que está preocupada. ¡Demasiado tarde! ¡Me voy!

Me quedo dormida y después de cuatro horas me despierto cuando nos paramos. Tengo un diente enfermo y he babeado la blusa. Limpiándome la barbilla con el reverso de la mano admiro el lugar remoto al que hemos venido a parar. No hay césped como en Crotona Park, solo árboles gigantescos tan juntos que apenas dejan pasar pequeñas franjas de luz. Las maestras llamadas consejeras nos dan la bienvenida y nos separan en grupos de a cuatro. Las consejeras lucen como si fueran hermanas, chicas de piel color crema con cabellos castaño claro vestidas con pantalones beige, botas verdes y camisetas blancas. Nuestra consejera se llama Lynn y tiene el pelo largo, grueso, y creo que todas deben de tener novios.

Nos dirigimos hacia las tiendas que se ven en la distancia. Hay senderos sinuosos que hacen que parezca una pequeña aldea en el bosque. No hablamos, pero las cuatro nos miramos unas a las otras cada vez que podemos. Hay una chica con el pelo castaño y narizona, una morenita de nariz respingada, estoy yo y una chica superflaca con el pelo rubio, casi tan blanco como su piel. Las tiendas tienen piso de madera, techos de lona y no hay baños. Antes de que hayamos incluso dejado en el piso nuestros equipajes, la narizona tiene que ir al baño.

—¿Dónde está? —pregunta.

—Derecho por ese camino, señoritas —dice Lynn.

¡Nos señala una fila de clósets con asientos con huecos en el centro!

—Hagan sus necesidades ahí y ni siquiera tienen que preocuparse por descargar —dice sonriendo—. Se llaman letrinas —añade, y todas nos reímos.

Cuando regresamos a la tienda tenemos que decir de dónde somos.

—Del Bronx —digo.

—De Brooklyn —dice la morena.

—De Queens —contesta la del pelo castaño.

—De Staten Island —responde la rubia.

Escogemos nuestras literas. En el instante en que la chica del pelo castaño pone su maleta rosada en una litera, la chica de Staten Island por poco la atropella corriendo a poner su bolsa de ropa encima.

—Quiero dormir en esa —chilla.

—Pero ya yo la escogí —dice la narizona del pelo castaño.

—¡No me importa, quiero esa!

Lynn entra antes de que comiencen a pelear. Se lleva a la chica rubia afuera y conversa con ella. Al día siguiente, la rubia encuentra una rana toro y la pone en un frasco. Es tan ruidosa que no hay quien la aguante.

—¡No puedo dormir! —grita la narizona del pelo castaño.

Todas las chicas están asustadas. De nuevo, la consejera del campamento entra a la tienda y agarra el frasco.

—¡Devuélveme mi rana! —grita la rubia.

Lynn se lleva a la rana croadora y a la chica gritona fuera de la tienda. La chica regresa con el frasco vacío y una expresión furiosa en la cara.

Un día llega el correo y todas las chicas, excepto la blanca furiosa y yo, reciben chocolates o galletas y divertidas tarjetas de sus casas. Cada niña que recibe un paquete rompe a llorar. La blanca furiosa y yo estamos confundidas. ¿No deberíamos ser *nosotras* las lloronas por *no haber* recibido nada?

—¿Por qué lloran? —le pregunto a una consejera.

—Porque sienten nostalgia.

—¿Qué es 'nostalgia'?

La consejera piensa antes de contestar.

—Significa que los paquetes que recibieron les recordaron sus casas y ellas extrañan estar allá.

La chica rubia que siempre está furiosa y yo nos miramos y sé lo que ambas estamos pensando. ¿Por qué querría alguien estar en casa? Después de la cena, en la noche, nos sentamos todas alrededor de una fogata y cantamos la canción "If I Had a Hammer".

Es la canción más hermosa que he escuchado. Que fantástica idea, cantar sobre el "peligro" y la "justicia" y el "amor entre mis hermanos y hermanas, en toda esta tierra", aunque no puedo decir que realmente "ame" a mi hermano y a mi hermana; quizás a mi hermana, pero no a mi hermano. Todas las noches cantamos esta triste canción que me recuerda a una que he escuchado en las películas de guerra cuando alguien muere. Es una tristeza buena, de ese tipo que te hace pensar, no del tipo de tristeza que te asfixia.

Nos piden que le pongamos nombre a nuestra tienda y decidimos llamarnos Las Osas. Las consejeras nos piden sugerencias para nombrar la suya.

—¿Qué tal si le ponemos Las Ciervas? —propone una niña.

—O la Tienda del Árbol —dice otra.

Pero pienso que las consejeras lucen como princesas de un cuento de hadas, y estoy segura de que todas tienen novios.

—¿Qué les parece Tienda del Amor? —digo.

—Ese está perfecto —responde Lynn

Estoy tan feliz de que les haya gustado mi idea.

Me encanta todo en el campamento, especialmente nadar de espalda.

—Piernas arriba, brazos arriba, barran el agua hacia fuera. Piernas arriba, brazos arriba, barran el agua hacia fuera.

Hago como me dicen y funciona. ¡Hurra! Jugamos a buscar tesoros. Uno de los que tenemos que hallar es un trébol de cuatro hojas.

—¡Qué demonios es esto! —grita la blanca cuando descubrimos que los tréboles de cuatro hojas son muy difíciles de encontrar—. ¡No es justo!

Participamos en carreras de relevo y nos pasamos un balón y recibimos clases de arte en el mismo lugar que usamos de comedor; y la comida es riquísima, aunque nunca como lo suficiente. La leche, cremosa y de un bello color blanco, la sirven en unas jarras impecables. Los únicos días que estoy hambrienta de verdad, y no un poco hambrienta, son los domingos, que es cuando descansa el cocinero. Esos días tenemos la maravillosa leche con donas de desayuno.

Cuando veo que los niños de otras mesas no se toman la leche, se la pido a Lynn.

—¿Chicos, ustedes se van a tomar esa leche? —les pregunta Lynn.

De pronto los niños en la mesa donde hay leche de sobra se ponen sedientos y se la beben toda.

—Lo siento —dice Lynn dándome una palmadita en la pierna.

El hambre se me pasa cuando cantamos alrededor de la fogata canciones sobre una vieja que se traga una mosca, carruajes que casi se vuelcan e incluso *Greensleeves,* cualquier cosa que esto sea. Siempre me ha gustado la música que toca y canta mi familia, pero esa es parte de mí, como respirar. Estas nuevas melodías y letras vienen de afuera. *Decido* que me gustan, y de repente me pregunto qué otras cosas del mundo exterior también me gustarían.

La mañana de nuestro último día la consejera entra para revisar nuestras literas. Mi almohada está cubierta de manchas amarillas.

—Son de mi diente —le digo—. Siempre me pasa.

—Creo que debes pedirle a tu madre que te lleve al dentista —dice mirándome con atención.

—Pero todavía no me duele —le respondo.

—No importa, quizás debas ir antes de que empiece a dolerte.

Lynn no dice nada más, solo lanza la funda manchada junto al resto de la ropa sucia que me voy a llevar a casa.

Ma da un grito en cuanto me ve bajarme en Port Authority.

—¿A ti qué te pasó?

—La consejera dice que me lleves al dentista.

—¡Estás tan flaca!

—¿Qué?

—¡Flaca, y repleta de golpes, cortadas y arañazos!

—¿Tú sabías que apenas existen tréboles de cuatro hojas?

—*AveMaríaPurísima.*

—Aprendí a nadar…

—¿Pero qué tipo de campamento es ese?

—Jugamos un juego que se llama búsqueda del tesoro…

—¿Eso era un campo de concentración o qué?

—No, una cacería de objetos y…

—Tú no vuelves a ir a otro campamento. ¡Se acabó!

Regresamos al aburrido Bronx donde Aurea se tiene que hacer cargo de Joe y de mí por el resto del verano.

¡Plaf! Aurea está lanzándome cereal a la cara. ¡Plaf! ¡Ahí viene otro! Falla y el cereal aterriza en mi cuello. Está dándole de comer a Joe y mientras tanto me arroja comida. No me gusta ser el blanco, pero así por lo menos me atiende. Pronto se cansa del juego.

—A limpiar —grita—. Que vamos a salir.

—¿A dónde?

—¡Limpia y no preguntes!

Recojo mientras ella batalla ayudando a Joe con los zapatos.

—¿A dónde vamos?

—¡Vamos a comprar un disco gigante! —dice tan emocionada que le brillan los ojos.

—¿Dónde lo venden?

—Rumbo al Lower East Side, cerca de la First Avenue donde vivíamos antes… ¿y qué te parece una papa frita gigante?

—¿Una qué?

—¡Una papa frita gigante! Viene con o sin mostaza.

—No sé…

—Ya verás —dice burlándose.

No me imagino cómo luce esa comida. Subimos al tren y nos sentamos en los asientos tejidos de ratán y nos colgamos de las correas de cuero todo el viaje hasta la calle Orchard.

—No te quedes mirando a la gente cuando lleguemos —me dice Aurea.

Pero es difícil quitarles los ojos de encima a todos los hombres vestidos de negro con largos bucles colgándoles por delante de las orejas y largos cordeles blancos que salen por debajo de sus camisas. Entramos a una tienda oscura. Hay barriles de tanta variedad de pepinillos encurtidos que ni siquiera sabía que existían. Aurea pide uno extra agrio para ella y pepinillos corrientes para Joe y para mí. Escoge dos empanadas de papa llamadas *knishes*, la que tiene mostaza es para ella; y buscamos un banco para sentarnos a comer. Sabe delicioso. Después vamos a una tienda de discos y compramos uno enorme que se llama LP, porque tiene más canciones. ¡Se imaginan! Doce canciones en un disco es algo mágico. En el tren de regreso, las experiencias vividas en el campamento de verano, la gente que acabamos de ver y el *knish* me dan coraje para preguntarle algo.

—Ey, Aurea, ¿qué es lo que dice ahí?

—*What?*

Le señalo los anuncios en el tren.

—Todo lo que está escrito allá arriba. ¿Qué dice?

Pero parece que ya está cansada de cuidar a dos niños pequeños porque cambia de humor.

—Oh… ¿por qué no tratas de leerlos tú misma? ¿Todavía no sabes leer? *Christ.*

Esta idea hace que me detenga. Solo había leído los libros de Dick y Jane en voz alta en la escuela junto al resto de la clase, y la maestra insistía en que todos estuviésemos en la misma página. Siempre quería seguir leyendo para ver lo próximo que harían Dick y Jane, pero sentía temor de echar un vistazo antes de que la maestra dijera. Entonces me quedaba contando los cristales de las ventanas o mirando como mudaban las hojas afuera hasta que los demás en la clase me alcanzaban. Ahora Aurea me acababa de decir que leyera los letreros yo sola.

Miro las letras en los carteles y en menos de un segundo cada palabra cae en su sitio y estoy leyendo. ¡Estoy leyendo! Leo: "Para un sabor suave fume cigarrillos Chesterfield"; "No te comas ese pastel, mejor enciéndelo"; "La mayoría de los doctores coinciden en que Bayer hará desaparecer tu dolor de cabeza"; "Winston tiene el buen sabor que debe tener un cigarrillo". Me concentro en la foto de tres chicas bonitas. "Arlene Singer—Brooklyn. Danette Di Napoli—Manhattan. Kersey Ann O'Reilly—the Bronx. Vote por Miss Cerveza Rheingold hoy".

—¡Apúrate! —Llegamos a nuestra parada—. ¿Qué es lo que te pasa?

Pero no le digo nada a Aurea. Puedo leer y no quiero que nadie conozca mi arma secreta, y de súbito estoy desesperada porque termine el verano y comience el segundo grado.

—¡De pie! —dice Ma—. O vas a llegar tarde a la escuela.

Hurra, otro día de escuela. Inmediatamente supe que era la niña más inteligente de la clase. Mi caligrafía era perfecta. Escribía en las líneas. Cada vez que levantaba la mano tenía la respuesta correcta. Lo que quería decir que me tocaba lavar los borradores y salir a hacer mandados de la maestra.

—¿Qué te pasa? ¡Ve a lavarte los dientes!

Me cepillo los dientes cantando un comercial que he visto en la televisión: "¡Se preguntará a donde fue el amarillo cuando se cepille los dientes con Pepsodent!".

—¿Qué estás haciendo aquí? ¡Apúrate! ¡Vístete! Tengo que pasar a dejar a Joe con la niñera antes del trabajo. ¡Ponte las medias! Agarra tu suéter.

¿Que agarre mi suéter? Se me ocurre una idea para hacer reír a Ma. ¡Ir al clóset a buscar mi suéter y hacerme la que me he quedado dormida! Ma se preguntará dónde estoy y buscará en el clóset, y se echará a reír cuando me vea, como cuando ve a Jackie Gleason en la serie de televisión *The Honeymooners*.

Entro al clóset y cierro los ojos esperando a que ella venga y me encuentre. Pero antes de darme cuenta...

—*What are you doing?* ¡*AveMaríaPurísima*! PACIENCIA.

¡Me quedé dormida de verdad!

Ma está enojada y abre los dedos sacudiéndolos hacia fuera y hacia arriba frente a su cara mientras dice "Paciencia" con tanta fuerza que esta vez sí creo que va a tocar el cielo con la punta de los dedos. Prácticamente me lanza una taza de café con leche y un pedazo de pan italiano con mantequilla y me manda a la escuela con Genoveva. *Damn*.

Pero al ver una roca que sueño con escalar olvido mis problemas. Le pasamos por el lado todos los días camino a la escuela y todos los días me pregunto si podré escalarla. Tiene casi una cuadra de largo y apunta hacia arriba, y estoy segura de que antes de que estuviera cubierta de botellas rotas, cartuchos arrugados, caca de perro y globos blancos pegajosos, los dinosaurios subían por ella para comer las hojas de los árboles que crecen en la cima. La montaña de roca luce más alta y mi deseo aumenta cada vez que la veo.

Esta mañana, camino delante de Genoveva y calculo que puedo subir hasta la cima antes de que ella me alcance con su andar torpe, hurgándose la nariz, parándose para hablar con cualquiera que hable con ella. Corro hasta la cima, pero justo cuando estoy a punto de echarle una mirada al ancho mundo, ella lo nota.

—¡Muchacha! —me grita.

Demasiado tarde. Se me abalanza antes de que llegue arriba.

—¡Ven para acá!

Qué pena. No pudo ser hoy. Bajo y camino para la escuela cabizbaja, aunque se me levanta el ánimo en cuanto veo a mi nueva amiga Marion Uble. Tiene el pelo rubio blanquecino con un corte duende, la piel blanca, y adoro cuando jugamos a saltar la cuerda una frente a otra.

Johnny over the ocean
Johnny over the sea
Johnny broke a bottle and he blamed it on me.
I told Ma, Ma told Pa
Johnny got a beating and a ha ha ha
Johnny jump on one foot, one foot, one foot
Johnny jump on two foot, two foot, two foot…

Entonces, la cuerda se enreda y caemos una sobre la otra riéndonos. Corremos directo a nuestros pupitres cuando suena el timbre para comparar nuestra caligrafía. Las dos somos perfectas. Ayer mi amiga me enseñó una manera de contar haciendo puntos sobre el papel, que es realmente igual que contar con los dedos, pero no le dije nada. Al final del día, cuando la recoge su mamá delgada y de pelo rubio ensortijado, siento que Ma no pueda recogerme porque tiene que trabajar y en su lugar me recoja Genoveva.

Cuando llegamos al lugar de la roca, Genoveva dice que tiene que entrar a una tienda. Veo la oportunidad y la aprovecho. Escalo la roca hasta la cima. Todo se ve igual pero diferente desde aquí arriba. *Oh my God*! ¿Eso que estoy viendo a lo lejos será Crotona Park? Los techos están conectados unos con otros… ¿quizás esa es la casa de mi amiga Marion? Ella vive en la avenida Fulton justo al cruzar la calle frente a Crotona Park… si ese es su edificio, está conectado con otro y ese con otro y así, hasta finalmente conectarse con el mío… de forma tal que es como si viviéramos en el mismo edificio. Quiero decir, si todo lo que está conectado forma parte de una sola cosa… ¿pudiéramos decir que vivimos todos en el mismo gran edificio? Eso creo. *Oh my God!* Me parece estar viendo su pelo amarillo y su abrigo rojo. ¡Sí! ¡Son ella y su madre llegando a la casa! ¡Agito los brazos!

—¡Marion!

Entonces oigo a Genoveva chillar.

—Bájate de ahí. Te vas a partir la cabeza. Se lo voy a decir a tu mami.

Ma nunca me pega ni se quita las chancletas para lanzármelas como hacen otras madres, pero se enojó conmigo por quedarme dormida en el clóset. Cuando llegamos a casa de Genoveva ella me prepara la lata de raviolis franco americanos que mi madre ha dejado para mí.

—¡Cómetelo todo y siéntate tranquila hasta que tu madre regrese! —dice poniéndome los raviolis delante.

Aunque tengo hambre y nunca hay comida suficiente, me los como lentamente, preguntándome qué dirá mi madre… Pero ahora me siento cansada y estiro el brazo sobre la mesa y descanso mi cabeza en él… y desde este ángulo… advierto que el ravioli parece una galleta. ¿Será en realidad el ravioli dos galletas de soda húmedas rellenas con carne y con las esquinas selladas con un tenedor? Eso es lo que parece…

Me quedo dormida y me despierto cuando mi madre me llama desde la puerta.

—Ven aquí.

Desorientada, con la mejilla pegada con saliva al mantel de plástico, me despego y voy hacia ella. Se ve feliz y linda otra vez, como siempre luce después de un día de trabajo fuera de casa. Me lanza una gran sonrisa y me da un abrazo.

—Se subió hasta la punta de la roca. ¡Se podía haber partido la cabeza! —dice Genoveva.

Escondo la cabeza como si fuera una tortuga, pero mi madre responde:

—¿Quién sabe? Quizás va a ser una exploradora cuando crezca.

¿Yo? ¿Una exploradora? Inmediatamente empino la cabeza, por lo que cuando mi madre acerca su mano para darme una palmadita, estoy mucho más alta y la sorprendo a medio camino.

—Hay tres clases de personas en el mundo —dice Mrs. Whitman, la maestra, golpeando un diagrama de la población mundial con el puntero. Es la Semana de la Hermandad y nos están enseñando sobre todas las personas en el mundo que nos deben gustar—. Ahora escuchen —añade, echando fuego por los ojos y rascándose los codos blancos y cuarteados. Le nievan hojuelas de piel reseca sobre la barriga mientras golpea como loca con el puntero—. Las tres clases son blancas, amarillas y negras.

Marion y yo nos miramos y luego a los demás. Marion parece avergonzada de ser la única mencionada en la lista de posibles seres humanos. Juan tiene el pelo lacio y la piel cremosa y Lourdes tiene la piel bronceada y el pelo rizado. Juan alza la mano.

—¿Y la gente color café? ¿No hay personas color café?

Mrs. Whitman se hincha como herida en su amor propio de que un estudiante haya tenido agallas para preguntarle algo así.

—No, no existen personas color café —suelta.

Juan la mira y murmura algo. Mrs. Whitman vuela hasta su lado, sosteniendo el puntero alto en el aire.

—¿Qué? ¿Qué dijiste?

—Nada —susurra el chico.

Y ella se ríe.

—A mí no me pareció —dice la maestra.

Entonces un niño se ríe, y luego otro, y otro, hasta que toda la clase se ríe de Juan.

—Sigamos adelante —dice Mrs. Whitman—. Hay además tres clases de personas: ricos, clase media y pobres…

Me pregunto en qué clase caemos mi familia y yo. Seguramente en la clase media. La gente pobre duerme en las calles como Mocho, siempre afuera de la bodega de don Joe, y nunca tienen nada de comer como esa gente en Puerto Rico que vive sobre ríos de mierda en El Fanguito. Nosotros dormimos en camas y comemos algo todas las noches. A las 2:45 es mi turno de ayudar a Mrs. Whitman a ponerse sus zapatos de la calle. Son negros y gruesos con una correa que mantiene en su lugar sus pies inquietos.

—No tan apretados —se queja adolorida Mrs. Whitman.

—Mrs. Whitman, ¿yo soy de clase media? —le pregunto.

—Oh… —balbucea contrariada—. No, tú eres pobre. Muy pobre, como todos los demás en esta escuela —añade señalando el zapato—. Afloja un poco la correa, que la apretaste demasiado.

Esa noche le digo a mi madre lo que Mrs. Whitman ha dicho y le pregunto si somos pobres o no.

—A nosotros nos va bien —dice volteando la cara.

El curso escolar pasa rápido. Finalmente es verano otra vez y Marion lo tiene todo preparado para venir al lago con nosotros. La madre de Marion usa muchísimas "erres" cuando nos dice que Marion puede venir con nosotros. Y es un viaje especial porque vamos con Caguas y Paula y sus ocho hijos.

—¿Por qué le dicen Caguas? —le pregunto a Ma.

—¿Por qué tú crees? Porque él es de ahí.

—¿Su esposa Paula es de algún lugar llamado Paula?

—No, ese es su nombre.

Caguas es blanco y de tamaño mediano, y Paula es grande y gruesa con la piel bastante oscura, y se aman tanto que tienen ocho hijos de un color intermedio entre el de ellos. Me gusta visitar su apartamento porque están siempre riendo y son cariñosos unos con otros, a pesar de que su cocina tiene las paredes tan grasientas que brillan. Ir a la playa con ellos significa que habrá muchísimo lechón asado, arroz con habichuelas ¡y melones enteros! Los niños grandes ayudan a los chicos mientras caminan por orden de tamaño llevando las cosas al carro.

Cuando llegamos al lago Welch, Marion y yo vamos directo al agua y, después de jugar en la arena y volvernos a mojar, vamos a pedirle a Paula una toalla.

—Paula, dame una toalla, por favor —le digo.

La mujer grande, redonda y de piel oscura se voltea lentamente, sonríe y me responde con una voz cálida y almibarada.

—*Chile, I don't know whatchu sayin.*

Marion y yo retrocedemos, buscando nuestro propio grupo. No sé cómo es posible que haya confundido a esa negra con Paula. Paula es puertorriqueña y todo el mundo sabe que los puertorriqueños no son negros. ¿No es cierto? Más tarde, después de comer melón, Marion y yo vamos de nuevo a la orilla.

—¡Muchachas! ¡Sálganse del sol!

Ma quiere que nos cuidemos del sol. Marion porque se está poniendo demasiado roja y yo porque estoy demasiado oscura y no queremos que nadie piense que soy negra.

CAPÍTULO 7

Cambios de ánimo familiares

Al comer siento como si me estuviera comiendo mi propia lengua. Pero no es mi lengua, sino la de alguna pobre vaca la que se me atraganta en la garganta. Estoy en casa con mi padre porque estoy enferma y él no tiene trabajo de techero porque está lloviendo. Comemos la desagradable comida que a él le encanta: cuchifritos —orejas de cerdo en escabeche—, lengua y morcilla. Me la como para que me quiera más, masticando cuidadosamente alrededor del pelo que el cocinero dejó en la oreja del cerdo.

Suena el teléfono y sé que es su jefe porque de repente mi padre se pone nervioso y olvida cómo hablar inglés. Cuando tiene que anotar algo le entra pánico porque no tiene un lápiz a mano y escarba dentro de todas las gavetas de la cocina, estirando el cable del teléfono tanto como puede hasta que encuentra un lápiz de ceja Maybelline de Ma y finalmente escribe algunos datos en la pared. Entonces me sorprende.

—Vamos. *We gotta go to Yonkers to* la casa del *boss* —dice.

Me pongo dos suéteres porque hace frío a pesar de que es verano y vamos en el carro hasta la casa de su jefe en Yonkers, y cuando llegamos allí pienso que ha valido la pena porque nunca he visto una casa tan bella excepto quizás la casa de Dick y Jane en mi libro de lectura. Arbustos repletos de flores rosadas acarician nuestro carro cuando giramos para meternos en el sendero que lleva a la casa. Mi padre toca el timbre y un hombre alto de brazos largos y musculosos, pelo rubio y ojos azules responde.

—Chico, *come on in* —dice.

"¿Chico? ¿Quién es 'Chico'?", me pregunto. Miro para ver si hay alguien detrás de nosotros. A mi padre le dicen Bonifacio Manzano o Pepe, pero nunca he escuchado que le digan Chico.

El hombre me mira sonriendo.

—¿Cómo es que no estás en la escuela? —pregunta.

Miro a mi padre.

—Oh, esta es mi hija Sonia. No se siente bien —dice mi padre.

—Bueno, adelante Sonia —dice el jefe.

Entro en la sala y me hundo en la alfombra hasta los tobillos.

—¿Quieres una galletita? —me preguntan.

Es la esposa del jefe, que luce exactamente como su esposo, excepto que sus labios están pintados de anaranjado, y tiene también una manchita de labial en uno de sus dientes amarillos. Sus uñas largas están pintadas del mismo color anaranjado y están tan apretujadas en sus sandalias de cuero blancas acharoladas que sus dedos están montados unos sobre otros como deseando buena suerte. Las palabras se me traban en la garganta aunque sepa perfectamente qué responder.

Se ríe y me hace un gesto para que avance hacia un salón repleto de plantas, donde me siento en una silla tan mullida que veo como se hunden mis piernas delgadas y oscuras hasta casi desaparecer. Mi padre y su jefe atraviesan puertas de vidrio de corredera como hace la gente en las películas, hasta llegar a un patio en el que el jefe se sienta y mi padre permanece de pie.

"¿Cómo es posible que nosotros no vivamos así? —pienso—. ¿No vivimos acaso en el mismo mundo? ¿Cómo puede ser que ellos trabajen juntos y vivan de forma tan diferente?"

Observo al jefe hablar y a mi padre sonreír tratando de comprender lo que le están diciendo. Regresan al salón donde puedo escucharlos, pero mi padre está menos animado ahora, observando al jefe atentamente y reaccionando de la manera esperada casi antes de que sea necesario. Cuando llegamos a casa me siento peor, con pensamientos febriles rondándome en la cabeza. ¿Cómo es que mi padre está tan asustado? ¿Por qué se le enreda la lengua al decir las palabras en el inglés chapurreado que sabe? Voy directo a la cama y me acuesto, y lo próximo que siento es a Ma, con el bolso colgándole del brazo, tocándome la cara y retirándola porque estoy hirviendo. Mi garganta está en llamas, pero mi cabeza está en un lugar maravilloso porque tengo a Ma para mí sola. Me envuelve en sábanas limpias, tibias, me cubre con emplastos de mostaza, me da comida blanda como puré de papa y sopa de pollo mientras pasan los días.

—Ma, mi cabeza es como si fuera un calendario, como en una película en la que muestran el tiempo pasar y pasar...

—¿Qué...?

Ma parece alarmada, así que no continúo. ¿Cómo explicarle que me siento como en una de esas películas en blanco y negro donde para mostrar que pasa el tiempo se arrancan las páginas de un calendario? Mi cabeza es como una de esas páginas a punto de viajar al futuro o regresar al pasado y no tengo miedo. Ma se retuerce las manos como la actriz Joan Crawford.

Esa noche duermo hasta que me despierta el olor a whiskey de mi padre, pero no me muevo no vaya a ser que siga en la película. Mi padre se sienta en mi cama y comienza a llorar. Entreabro un ojo y puedo ver la mitad de su cara en la sombra. Mientras trata de contenerse estalla en sollozos más rápidos y fuertes. Exhala grandes bocanadas de aire triste hasta que no puede más.

Muchas semanas después, cuando no hay trabajo por un buen tiempo porque está lloviendo demasiado, regresa a casa con un aspecto sombrío en el momento en que Joe y yo terminamos de comer.

—Váyanse a la cama —dice.

—Pero todavía es de día…

—¡No protestes! ¡A dormir! ¡Los dos! ¡Ahora!

Nos vamos a la cama, pero ni Joe ni yo podemos dormir porque todavía hay luz afuera.

—Ey, Joe —susurro—, ¿quieres jugar al trampolín?

Joe nunca habla pero le gusta saltar. Saltamos suave al principio, después más alto, y más alto, y más alto hasta que mi padre entra en estampida en la habitación como el caballo Furia de la televisión. Las orejas hacia atrás, las fosas nasales inmensas, los ojos desorbitados. Alto y musculoso como un vengador de un libro de cómics, con las piernas abiertas, la cabeza cuadrada, sostiene el cinturón como un látigo y lo hace restallar en mis piernas.

Más tarde, después de llorar hasta que los ojos se me cierran de lo pegajosos, me duermo, y mis piernas sufren una transformación. Amanezco con un magnífico hematoma, excepcional en tamaño y color, con anillos de negro, púrpura, rojo y amarillo.

Paso todo el día esperando mi premio, observo a través de la ventana, imaginándome bajo la mirada de mi madre, siendo el centro de su atención, incluso recibiendo las muestras de afecto de los vecinos, como ella cuando mi padre le pegó. Pero Aurea llega a casa con un inesperado buen humor, hasta sonriendo. Enciende el tocadiscos y se escucha a Nat King Cole cantar "Love Is the Thing" antes de que ponga a ablandar una olla de habichuelas. La voz almibarada de Cole y las borboteantes habichuelas le confieren calidez al apartamento. Aurea tapa las lámparas con una bufanda rosada haciendo la luz más suave. Sus movimientos dividen mi atención entre la atmósfera y mi muslo.

—¿Quieres jugar a las cartas? —me pregunta.

No puedo creer lo que están escuchando mis oídos. Jugar a las cartas con mi hermana en medio de este, de repente, paradisíaco apartamento es casi más de lo que puedo resistir. Solo los amigos juegan a las cartas. Quiero saltar de la alegría pero me duele la pierna. Jugamos una mano de cartas y nos sonreímos una a la otra y se siente tan delicioso que quiero compartir más cosas.

—¿Quieres ver algo? —le digo.

—¿Qué cosa?

—*Look*.

Le enseño el muslo y ella respira profundamente a medida que se le ensombrece el rostro. Se levanta agitada y comienza a caminar, pasándose el juego de cartas de una mano a otra.

—¿Qué pasa? —le pregunto aturdida por este rápido cambio.

Cuando no me responde, me pregunto qué he hecho mal. ¿Cómo pude arruinar este momento? ¡Lo eché a perder todo! ¡Cómo puedo ser tan estúpida! ¡Estábamos jugando a las cartas! ¡Quiero seguir jugando! ¿Por qué no jugamos a las cartas? Pero a ella se le han quitado las ganas. Quiere llevarme a la estación de policía.

—Ponte estos *panties* limpios —ordena.

—¿Podemos seguir jugando a las cartas? —le pregunto metiendo la pierna adolorida en los *panties*.

Ella no me responde. Nuestro juego se ha vuelto aterrador. Ahora estamos en una misión secreta. Ma regresa a casa y sé que debo estar callada. Mi hermana comenta algo sin importancia y le dice a Ma que vamos a comprar unos caramelos.

Pero mi hermana escogió un mal momento: tropezamos con mi padre bajando las escaleras.

—¿A dónde creen ustedes dos que van? —grita.

—Vamos a comprar caramelos… —dice Aurea.

Mi padre parece sospechar algo.

—Ustedes no van a ninguna parte. Suban las dos —dice.

Aurea y mi padre discuten. Flor sale de la bodega de don Joe para mirar. El mismo don Joe sale y trata de intervenir. Uno de los pelirrojos Cabeza se sienta en calzoncillos en el alféizar de la ventana con los pies encima del toldo de la bodega de don Joe, observándonos como si fuera un gorila peludo. Todo el vecindario está mirando. Grito por Ma, quien finalmente y dolorosamente se asoma a la ventana.

Quizás mi padre empuja a Aurea contra el edificio, no sé, pero ella salta hacia él, empujándolo con todas sus fuerzas, y me siento pequeña en la acera y estoy segura de que odio a mi padre.

Algo bueno resulta de todo esto. Aurea detesta tanto estar en casa que va todas las noches al cine Fenway y me lleva con ella. Mi hermana adora las películas y estamos protegidas en la oscuridad, y le echo miradas de reojo cada vez que quiero ver la felicidad.

Pronto hay trabajo otra vez y mi padre está fuera de casa y no hay escuela, así que tengo que quedarme en casa de una vecina por un día. Es una mujer inmensa en bata de casa a la que no conocemos bien, pero vive en la casa de al lado; y no va a ser algo regular de todos modos. La mujer me saluda mientras lleva puestos los zapatos de segunda mano de su esposo y el pelo recogido en dos coletas. La observo poner a sus dos bebitos en la cama para la siesta y me quedo esperando a que me diga qué hacer.

—Siéntate en esa silla —me dice, señalándome una que está contra la pared.

Desde allí puedo ver la habitación en la que están los bebés.

—No te muevas de esa silla —dice sonriendo mientras se mete en la cama con los niños.

Me siento y espero. Hay un reloj y me alegro de que se escuchen los tictacs porque así me entretengo con algo. El tren pasa zumbando afuera. Me río por dentro pensando que esta niñera es mejor que la que tenía un hijo de doce años que siempre quería jugar a "casarse en el oeste"; un juego que a mí me gustaba porque tenía que fingir que llevaba puesto un vestido de novia y dejarme ayudar por mi nuevo esposo al subir en el vagón. Aunque no me gustó cuando el chico me metió la lengua en la boca. Por lo menos en la casa de esta niñera lo único que debo hacer es sentarme en la silla.

Escucho unos ronquidos. Mis pies casi no llegan al piso, así que imagino que soy una bailarina y voy de un lado al otro a lo largo de la silla apoyándome en puntillas. La danza que invento es larga y yo le añado drama fingiendo que estoy saltando de la silla, aterrizando en los dedos de los pies y regresando a mi lugar tan ligera como si el suelo fuera una pista de hielo. Mi danza se extiende y la repito varias veces pero nadie se despierta.

Me cuelgan los brazos a los lados y los afirmo contra la silla y levanto todo mi cuerpo. Arriba y abajo, arriba y abajo. Pudiera ser una acróbata de circo, y en mi mente doy volteretas por el aire demostrando grandes hazañas de fuerza y resistencia como las que vi en *Trapecio*, mi película favorita. Levanto incluso los pies rectos frente a mí y advierto que ya no estoy usando zapatillas de bailarina imaginarias, sino zapatillas color piel imaginarias y medias de malla salpicadas de brillo. De repente la niñera se estira y salto de la alegría esperando que la siesta se haya acabado y pueda levantarme de esta silla, pero ella solo abre un ojo para mirarme y sigue durmiendo. Me vuelvo a hundir en la silla, dejo caer la cabeza y me escucho respirar.

Finalmente la niñera se levanta y soy liberada y me envía a casa de otra vecina para que me cuide hasta que Ma me recoge en este día de carrera de relevo de niñeras. Estoy tan aburrida que puedo llorar. Entonces, Edito viene y tengo una mezcla de sentimientos, alegre de verlo pero celosa de la libertad que él tiene de ir y venir. Inmediatamente se fija en una pila de cartulina que hay en la habitación de Aurea.

—Mira esa cartulina —dice.

Miro la cartulina pero sé que no puedo tocarla. Aurea me mataría.

—Puedes cogerla, ¿sabes? —dice Edito.

—No…

—Claro —insiste—. Puedes cogerla y dibujar algo.

Pienso en todas las cosas que dibujaría: una casa con un árbol y el sol brillando, pájaros volando, chicos jugando.

—Mira, voy a coger algunos crayones —dice entrando a la habitación de mi hermana y saliendo con una caja llena de crayones.

No puedo creerlo.

—Eso es de Aurea y yo no puedo tocarlo —le digo. Aunque sería maravilloso.

—Ella dice que no hay problema.

—¿Qué dices?

—En serio. La acabo de ver y me dijo que si quería te diera cartulinas y crayones para que pudieras dibujar.

De súbito, Edito, la habitación, los sonidos, todo desaparece. Lo único que existe en el mundo son las cartulinas, los crayones y yo. Abro el paquete, saco una cartulina y la extiendo en el suelo. Es bella, con un delicioso color crema con un poco de brillo. ¿Qué puedo pintar? ¿Debería pintar una sirena o un bailarín de flamenco? Creo que este proyecto merece pensar un poco.

Inesperadamente aparece mi hermana.

—¿Qué estás haciendo? —grita.

Me quedo atónita.

—¡Te he dicho que no cojas eso!

—Pero Edito me dijo…

—No me importa lo que diga Edito. Esa cartulina es cara. ¡Estás loca! —dice, y me arrebata las cartulinas y los crayones y entra como un ciclón en su habitación dando un portazo.

La ira me sube como la lava dentro de un volcán, haciéndome agarrar un pedazo de madera con un clavo que mi padre ha dejado regada y se la arrojo a Edito. Lo alcanza en la pantorrilla clavándolo al suelo con la misma firmeza con que me siento traicionada.

Aúlla del dolor y cojea por toda la casa hasta que mi hermana le saca el clavo, sin dejar de gritarme todo el tiempo por mi crueldad, incluso mientras ella va al baño a buscar el mercurocromo, que lo hace aullar más alto cuando se lo unta con un hisopo. No lloro. Solo miro a través de la ventana hasta que la furia se me pasa y dejo de temblar.

Al día siguiente, Edito regresa. Sonríe como si no le hubiera lanzado un pedazo de madera con un clavo. Encuentra todo lo que hago divertidísimo de nuevo, y no piensa que soy fea y malvada después de todo, y antes de darme cuenta estoy montada en el manubrio de su bicicleta de diez velocidades. Aceleramos calle abajo por Crotona Parkway hasta Third Avenue. Estoy aterrada, pero la sonrisa de mi primo en mi oreja transforma el miedo en algo bueno, y mientras volamos cada vez más rápido por debajo del tren elevado, las franjas de sol filtrándose por entre los carriles crean lo que muchos años después sabré es un efecto estroboscópico, pero en ese momento perfecto de poder y libertad estoy segura de que no hay nadie en el mundo tan feliz como yo.

CAPÍTULO 8

Reina por un día

Nuestro maestro, Mr. Gitterman, está leyéndonos *La telaraña de Carlota*. Un libro mágico que nos calma a todos, incluso a los niños que nunca se pueden estar quietos. Marion entierra la barbilla entre las manos y se hace rizos en el pelo, mientras yo me quedo absorta, sentada con las rodillas separadas y la boca abierta.

Mr. Gitterman está vestido de color arena, sentado frente a la clase en uno de los pupitres. Lee lento, dejando que las palabras se derramen como lluvia sobre nosotros, y haciendo pausas a veces para mirar por encima de todos y que la vista se le pierda a través de la ventana, como recordando algo que le hubiera pasado. De vez en cuando se rasca un tobillo.

Aunque sabemos que terminará pronto de leer porque es casi la hora de agarrar los abrigos e irnos a casa, esperamos tranquilos para ver si podemos sacarle algunas oraciones más. Un día protestamos tanto cuando se calló que nos dijo que nuestros padres deberían leernos todos los días, igual que hace él.

—Mr. Gitterman dice que deberías leerme todos los días —le digo más tarde a Ma.

—Cómo si yo no tuviera nada más que hacer —dice Ma.

—Eso es lo que dice.

—Nosotros no tenemos ningún libro —me responde.

—¿Qué podemos hacer si no tenemos ningún libro? —le pregunto a Mr. Gitterman al día siguiente.

—No necesitas tener libros. Tus padres pueden contarte historias sobre sus vidas.

Espero a que Ma se esté tiñendo las canas para pedirle que me cuente alguna anécdota de su vida, porque tiene que quedarse perfectamente quieta mientras se echa el tinte negro Loving Care en la cabeza y se la cubre con la bolsa plástica. Se sienta con un fajo de servilletas de papel para evitar que el mejunje oscuro se le chorree por la cara.

—Cuéntame la historia de la que tú y Bombón estaban hablando —le digo.

Me mira inexpresiva.

—La historia del tipo que le tiraba cocos a su esposa por la cabeza.

—¿Para qué quieres saber? —pregunta.

—¿Cambió?

—¿Quién?

—El hombre que le tiraba cocos a su mujer por la cabeza.

—Qué va a cambiar. Era un maldito sinvergüenza, y los hombres malos y desvergonzados nunca cambian.

—¿Y ella nunca se fue de su lado?

—No.

—¿Por qué?

—Porque ella era una buena persona.

—¿Dejar que alguien te tire cocos en la cabeza te convierte en una buena persona?

—Era buena, pero no como cualquiera, sino una santa. —Se le habían escapado algunas gotas de tinte negro y comenzaba a parecerse al Cristo con la corona de espinas de la iglesia, con la sangre bajándole por la frente. Se inclina hacia mí y dice—: ¿Entendiste?

No entendí, pero quiero escuchar el resto de la historia.

—¿Y a ella qué le pasó?

—Aguantó y aguantó y aguantó hasta que sus hijos crecieron y la salvaron separándola del lado de su marido.

Creo que para entonces a la mujer no le quedaría cabeza o cuerpo que pudieran salvarle. Mi madre enciende un cigarrillo Kent mientras yo pienso que la mujer de la historia es como Carlota en *La telaraña de Carlota*, que se la pasa sufriendo por un cerdo llamado Wilbur.

—Cuéntame de tu madre —digo.

A menudo tengo que encender una vela en nombre de abuela en la iglesia, pero lo único que sé de ella es su nombre, Encarnación Falcón, y que murió cuando Ma tenía cinco años.

—Esa *sí* era una santa. Pobrecita... era tan buena que se murió del sufrimiento.

—¿Cómo?

—Algún día lo sabrás.

—Explícame ahora...

—Mi padre le partió el corazón engañándola con otras mujeres, y cuando tenía cinco hijos ya no pudo aguantar más y se murió. Nos dejó a Cristina, a Eduardo, a mí, a Francisco y a Félix. Tuvo otro, Felipe, pero vivió tan poco que no lo cuento. Sabes, creo que ella regresó a buscarlo...

Imagino a Encarnación Falcón bajando del cielo a recoger a su último hijo, y diciéndole a Ma y a sus hermanos que se cuiden unos a otros.

—Recuerdo nuestro pequeño bohío cuando ella murió...

—¿Qué es un bohío?

—Una casita de madera. Estaba en Aguas Buenas, repleto de gente llorando y bebiendo ron. Había gente del pueblo y parientes que no conocía. Uno de ellos me metió las manos por debajo del vestido, y mi tía no paraba de decir '¡Cállense la boca!' y 'Dejen de llorar'. Yo estaba muy confundida y no sabía qué iba a ser de nosotros.

—Pero todavía tenías a tu padre, Dionisio —digo.

—Era un hombre y los hombres no se hacían cargo de los hijos. Y además, éramos cinco y no teníamos ni comida ni dinero. Terrible. La pobreza. Mi padre nos regaló.

—*What?* ¿Que los regaló?

—Así podíamos trabajar por comida. Era la única forma.

Pienso en todos los niños de cinco años que conozco corriendo por el vecindario. No podrían sobrevivir por sí solos. Los niños están siempre moqueando. Mi primo Mickey ni siquiera se puede limpiar la nariz. ¿Cómo sería si tuvieran que cuidar de sí mismos?

—Tuve que irme con una familia que me necesitaba para que cuidara dos bebés. Decían que podían ganar más dinero si yo me encargaba de los niños. Pero me dejaban sola en la casa llena de huecos en el piso y debajo de la casa había mangostas… —continúa Ma.

—¿Qué son mangostas?

—*¡AveMaríaPurísima!* Son como ratas largas, flacas y feroces, y lloraban del hambre incluso más que los bebitos. Tenía hasta miedo de salir afuera. Se suponía que alimentara a los niños con arroz, pero no podía soportar escucharlos llorando por más comida y las mangostas chillando debajo de la casa. Pensaba que querían que cayera un bebé por entre las tablas del piso para comérselo. Así que una mañana les di la comida a los niños y ni siquiera me comí mi parte, tapé con algunas sillas los huecos del suelo y esperé hasta que pude saltar por encima de las mangostas, y huí corriendo a encontrar a mi padre. Lo encontré trabajando en una pastelería. Recuerdo la punta de su cinturón bamboleándose mientras preparaba merengue.

¿Cómo un hombre que regala a sus hijos puede preparar merengue?

—Me senté en la entrada a esperar que me viera.

Casi no quiero saber, pero pregunto de todos modos.

—¿Y entonces qué pasó?

—Me buscó un lugar donde quedarme en Fajardo, un pueblo cerca de la playa. *AveMaríaPurísima*, esa familia estaba loca. Tenía que barrer y asegurarme de que no entrara ni el más mínimo grano de arena en la casa. Tenía miedo de que me incrustaran contra la pared si se me quedaba alguno.

—¿De verdad tú pensabas que hubieran hecho eso?

Ma luce cansada.

—No sé —responde—. Eso parecía… —dice encendiendo otro cigarrillo, y añade—: Así que cuando me dieron unas fiebres que estaba temblando bajo un sol que quemaba, me escapé otra vez. Pero no tenía ningún par de zapatos que me sirviera, así que encontré un par demasiado grande y los rellené con medias para que no se me cayeran y encontré a mi Mama Santa…

¿Otra santa?

—La madre de mi madre, que se había quedado con Félix, el bebé…

—¿Por qué no se quedó contigo también?

—Muchacha, éramos demasiados. Caminé kilómetros con esos zapatos y finalmente hallé la casa, pero no había nadie. Me quité los zapatos y, al quitarme las medias, salió la primera capa de piel de ambos talones. Pero estaba feliz de poder recostarme a la puerta para dejar que el sol me hiciera sudar la fiebre.

Esta es como la versión tropical de *La niña de los fósforos*, que tiene que salir a vender fósforos en una fría Nochebuena o arriesgarse a que su padre le dé una paliza. Pienso en la niña encendiendo fósforos para mantener el calor, entonces salto a la imagen de mi pobre mamá enferma y asándose por el sol. No sé qué hacer con la tristeza que siento por mi madre. Ma se enjuaga la cabeza en el fregadero de la cocina. Miro el tinte negro hacer remolinos antes de irse por el desagüe.

De pronto Ma ríe con tristeza.

—¿Qué fue? —pregunto.

—Unos meses después tuve dolor de estómago y Mama Santa me hizo tomarme la orina de mi hermanito Félix.

—¡Qué asco!

—Me quitó el dolor de estómago para siempre.

—¿Cómo?

—Vomité, y nunca volví a quejarme de dolor de estómago.

Ya había tenido suficientes anécdotas reales.

—Ahora cuéntame una historia inventada —le digo.

—*AveMaríaPurísima*, ¿otra más? —dice abriendo los ojos adrede, haciéndome reír, mientras se envuelve la cabeza en una toalla.

Entonces empieza:

—Una mujer vive con sus cuatro hijos en Crotona Park y…

—¿En el invierno?

—No me interrumpas. Una mujer vive con sus cuatro hijos en Crotona Park durante el invierno y su esposo le pega y le pega hasta que sus hijos crecen y la salvan. Fin de la historia.

No digo nada.

La historia inventada es triste, pero no tanto como todo lo que pasó en la vida real en Puerto Rico. El temor y el dolor que debió de haber sentido Ma cuando era una niña se me queda adentro.

Estoy viendo mi programa favorito, *Queen for a Day*.

—¿Les gustaría ser reina por un día? —le pregunta el presentador a las concursantes al comienzo de cada episodio.

Pienso que si alguien reúne las condiciones para ser reina por un día es mi madre.

—Cuéntanos de ti —le dice el presentador a una mujer blanca de aspecto cansado.

No luce como las mujeres blancas de *Father Knows Best* o *The Donna Reed Show*. Se ve deteriorada. La estudio y comparo a mi madre con ella y las mamás de la tele. Mi madre puede lucir bella y apaleada al mismo tiempo.

—Vivimos en Kentucky y mi hijo tuvo polio y no puede moverse, y justo cuando habíamos ahorrado suficiente dinero para comprar una silla de ruedas, mi esposo perdió el trabajo en la mina de carbón y… y…

No puede seguir hablando del llanto. El presentador le da unas palmaditas en la espalda.

—Bueno, ¿tienes otros hijos?

—Sí, tenemos una niña de cuatro años…

—¿Tiene polio?

La mujer parece sorprendida por la pregunta:

—No… ¿Por qué?

—Entonces debes estar agradecida por eso, ¿no es cierto?

—Sí, claro…

Él la interrumpe:

—¿Por qué piensas que debes ser reina por un día?

—Porque mi hijo… tiene que arrastrarse por toda la casa, empujándose con las manos… y no podemos ni comprarle una silla de ruedas.

La mujer podría ganar. Estoy casi segura. Las madres con niños inválidos siempre reciben muchísimos aplausos y así es como se escoge la ganadora, por la cantidad de aplausos que recibe. Pero yo no estoy inválida. Maldición.

—Bueno, esa es una buena razón —dice el presentador pasando a otra concursante—. Cuéntanos tu historia.

La próxima mujer dice que ella perdió a su esposo en un deslave. Justo en el momento en que él regresó para rescatar al perro de la familia, el lodo arrastró la casa. Marido, casa, perro... lo perdió todo. Se quedó sola con cuatro hijos y quiere una lavadora para poder lavar para otros y cobrar.

No hay historias sobre mujeres trabajadoras. Mi madre trabaja en un taller de costura. Cuando vienen las pausas comerciales corro a la ventana para ver si viene.

Un tren llega y se va y no hay señales de ella, así que corro al televisor para ver a la tercera concursante. Tiene gemelos y está embarazada. Su marido la ha dejado para irse detrás de una cantante *country* que estaba actuando en el pueblo. Ahora tiene que criar a sus gemelos de dos años y al bebé que viene en camino. El presentador le recuerda lo afortunada que es de poder tener hijos.

—¿Qué desearías si fueras reina por un día? —pregunta.

—Ropa para mis hijos...

Okay, ahora se está poniendo emocionante. Puedo ver a mi madre en esa categoría. No la parte de los embarazos y la ropa, sino la de escapar de la crueldad de un marido malvado. Eso podría funcionar. Esta mujer ni siquiera tiene marcas de moretones negros y azules. Ma ganaría sin dudas.

Finalmente es hora de escoger a la ganadora. Traen un aplausó-metro. Mientras el presentador resume su historia, la cámara enfoca a la mujer que necesita una silla de ruedas. La audiencia se vuelve loca. ¡El entusiasmo hace que la aguja vaya a toda velocidad hasta el diez!

Entonces pasa a la mujer que quiere una lavadora. Recibe algunos aplausos pero no muchos, solo hasta el seis. Continúa con la concursante que quiere ropa. Ella recibe la menor cantidad de aplausos. Regresa a la mujer de la silla de ruedas. Hacen un paneo a la audiencia frenética y la enfocan. Ahora sí que empieza a llorar en serio. Lo sabía. Sabía que iba a ser la ganadora.

Imagino que los veo poniéndole la corona en la cabeza a mi madre, y una capa de piel como la del viejo Rey Cole sobre los hombros.

Después imagino que le dan todo lo que desea... y más. Una lavadora, un refrigerador, ollas y sartenes, platos. Mi madre en la tele luce trágica, con las lágrimas brotándole de los ojos como una actriz en una vieja película. Sé que ganaría si pudiera estar en el programa, y eso me hace sentirme bien y esperanzada porque sería como en la televisión, donde todo es perfecto.

CAPÍTULO 9

Destierros, amenazas y un suicidio

Vamos para la iglesia, pero mi hermana camina en la dirección opuesta.

—*Where are you going?* —le pregunto.

—Al parque.

Ella sigue cruzando la calle rumbo a St. Mary's Park. El padre Fitzgerald me ve venir.

—*Hello,* Sonia —dice tristón.

—Hola, Padre…

—Buenos días, qué bueno que viniste a la misa hoy —me dice esforzándose por sonreír, sin importarle que me ría de su acento.

Entro a la iglesia ajustándome una servilleta que me he fijado con una hebilla al pelo, porque no tengo mantilla. La iglesia es sombría y bella y cuando el padre comienza a hablar en latín mi mente vaga. Me pregunto qué dolerá más, ¿la herida de lanza en el costado de Cristo o su dedo de yeso astillado?

La hermana Trinitos nos ha contado de una niñita que amaba tanto a Dios y oraba con tanta vehemencia en la iglesia que finalmente Él le concedió todos los deseos y se la llevó para que estuviera junto a Él en el cielo. Cuando terminó la misa y todos se estaban levantando para marcharse, ella cayó muerta como un saco de papas.

Empiezo a pensar que si Él pudo escuchar sus buenos pensamientos, es probable que oiga mis malos pensamientos, esos que me vienen a la cabeza en el instante en que trato de no pensar en ellos. ¡Mierda! ¡Oh, no! ¿Me habrá escuchado diciendo para mis adentros *mierda*? ¡Coño! ¡Oh, no, ahora me habrá escuchado pensando en *coño, mecagoendiós*! Maldición… ahora habrá escuchado *mecagoendiós*. A este ritmo estoy segura de que me pudro en el infierno. Espera, ¿no es *infierno* una mala palabra también? Cierro los ojos y pienso que no puedo seguir luchando contra esto y, si voy a morir, ¡quiero que sea ahora! Así que dejo que cada mala palabra que conozco me pase por la mente, en inglés y en español: ¡carajo, pendejo, coño, hijo de puta, *snot*! ¡Abro los ojos y veo al padre Fitzgerald justo a mi lado! ¡Me debe de haber oído también!

Finalmente se acaba la misa y salgo huyendo viva por lo menos hasta la próxima semana. Jadeando por respirar aire fresco, encuentro a Aurea en la multitud, esperando por mí con una sonrisa en la cara. Ella siempre es puntual.

—¿Cómo es que sabes cuándo venir a recogerme? —le pregunto.

—Cuando veo la estampida de idiotas saliendo —responde.

Vamos a casa y Ma prepara desayuno. Huevos fritos con tocineta y una taza grande de café, pero Ma está tan irritada y lanza la comida alrededor con tanto disgusto que la grasa salpica el café.

—No sé si debemos ir —dice Ma.

—¿Por qué no? —dice Pa.

—No sé… es tan triste… sin Linda…

Abro bien las orejas.

—¿Qué le pasó a Linda…?

—Shhh… —responde Ma.

—¡Nos vamos! —anuncia Pa.

—Yo no voy —dice mi hermana.

El tiempo se detiene. ¿Quién ganará?

—Ella tiene que quedarse a descongelar el refrigerador —interviene mi madre nerviosa, y es como si sonara la campana en una pelea de boxeo. Mi padre y mi hermana regresan a sus esquinas.

Después, nos amontonamos en el carro para ir a casa de abuela.

La casa ya no está reluciente. Está limpia pero aburrida y la mugre se ha incrustado en los rincones de la cocina. Veo cucarachas en los armarios. ¿Estuvieron siempre ahí? No hay nadie en casa, excepto La Boba y abuela.

—Échame la bendición —le dice mi padre a mi abuela inclinando la cabeza.

Mi versión es más corta:

—Bendición —le digo a abuela.

—Dios te bendiga —responde ella solemne.

Después de un rato mi padre se levanta.

—Tengo que ir a ver a alguien para un trabajo… regreso enseguida.

Se va, prometiendo que nos recogerá pronto.

—*Pérate, pérate, pérate…*

Abuela se motoriza dando vueltas dentro de la cocina preparando café. Calienta la leche hasta que casi hierve, la sirve en dos tazas y luego la oscurece con café. Ella y Ma conversan y yo trato de pasar desapercibida para ver si escucho qué le pasó a Linda.

—Linda se quitó el anillo de matrimonio porque iba a usar Ajax para limpiar el inodoro —comienza abuela.

—*¿Sí?*

—Sí… Virginia la vio sin el anillo. Cuando Ángel regresó a casa, Virginia le dijo: '¡Ay, Dios mío, tu esposa se quitó el anillo para ocultar que está casada!'.

—¿Ocultar el matrimonio? ¡Pensé que se lo había quitado para limpiar el baño! —dice Ma.

Abuela asiente, pero no dice nada. Solo el sonido del reloj de abuelo rompe el silencio.

—¿Qué otra cosa podía hacer Ángel que echarla?

Trato de encontrarle el sentido a lo que dicen pero es difícil.

—Tres meses después Linda regresó con regalos de Navidad para Evelyn y Peter.

—Pobrecita.

—Ángel botó los regalos por la escalera.

—Ay, bendito…

—No hemos vuelto a ver a Linda.

Se sientan quietas por un momento hasta que abuela continúa el cuento.

—Entonces, Virginia pensó que era mejor que Peter se fuera a vivir con ella. Tú sabes, para ayudar…

Pienso que la historia es demasiado triste y me pregunto dónde estará mi prima Evelyn, al tiempo que escucho cómo su madre ha sido desterrada, como una princesa de su castillo, y su hermano secuestrado por la bruja maldita. Pero entonces cambian de conversación para hablar de otro hermano de Pa.

—¿Qué le pasó a la mujer de Miguel?

—Loca, Miguel llegó a la casa y se la encontró muerta.

—Ay, Dios mío…

—Muerta con los dos hijos. Los vistió de blanco, arrastró las cunas hasta la cocina, se acostó con ellos y abrió el gas.

—Qué horrible —dice mi madre.

Más tarde, en nuestro apartamento del Bronx, Ma me plancha una blusa blanca porque voy a estar de guardia de honor en la escuela el lunes. La blusa blanca, falda plisada azul y pañoleta roja deben estar listas. Observo como el vapor caliente de la plancha elimina las arrugas y deja la blusa lisa e impecable, con un rico olor a limpio. Ma habla, y sus palabras salen disparadas como esquirlas calientes.

—Linda debe haberse muerto. ¿Qué madre dejaría a sus hijos por cuenta de un estúpido marido celoso? ¡La pobre mujer de Miguel! Siempre se quejaba de las palizas que le daba Miguel pero nadie le creía. También yo me hubiera matado si me hubiera casado con ese lunático.

Me voy a dormir con el destierro en la mente, como si lo hubiera escuchado en algún cuento de hadas y no en mi propia familia. Un suicidio es algo tan lejano para mí como una noticia del *Daily News*. O tal vez no. Ma todavía esconde todos los cuchillos de cocina en el horno cuando oscurece y mi padre no ha llegado a casa. ¿Pensará que él la va a acuchillar? ¿A todos nosotros? Si dos de los hermanos de mi padre han ahuyentado a sus esposas, ¿podría de alguna manera mi padre causar la desaparición de mi madre?

CAPÍTULO 10

Un tesoro enterrado

Visitamos a Edito y a su familia en Brooklyn.

—Bendición —le digo a mi tío mientras busco a mi primo.

—Dios te bendiga —responde él, pero en realidad está mirando a mi madre, que quiere saber sobre la nueva locura que le ha entrado a Bombón.

—¿Qué está pasando? —pregunta Ma.

—¡Esta mujer se ha vuelto loca!

Paso por el lado de Zoraida, acurrucada en su lado de la cama con las manos entre las rodillas con expresión triste y desolada. Contengo el deseo de tirarle un edredón encima y salir disparada a encontrar a Edito cuando escucho a mi madre decir:

—¿Oro? En el sótano. ¡No me digas!

—¡Sí!

Encuentro a Edito. Estamos entusiasmados, riéndonos.

—¿Qué es tan gracioso?

—¿Cómo voy a saberlo?

Bajamos detrás de los demás hasta al sótano.

Pareciera que está bajo reparación de la compañía eléctrica. Bombón, con los ojos desorbitados, cava un agujero en el suelo, segura de que con el próximo golpe va a desenterrar un tesoro. Mi madre mira dentro del hueco con recelo, mi tío retuerce los ojos y mi padre sonríe.

Después de ver a Bombón sacar escombros húmedos y trozos de concreto durante un tiempo, mi primo Edito y yo subimos.

—Mira, esto es todo lo que tienes que saber… —dice golpeándose cinco veces en las rodillas—. Se llama ritmo de clave.

—*What?*

—Ritmo de clave. Ahora prueba tú.

Lo hago. Y Edito me enseña diferentes acentos. Sacamos diferentes ritmos de nuestras rodillas hasta que nos caemos riéndonos de nosotros mismos por creernos que somos bateristas.

—¿Y ustedes dos qué están haciendo? —dice mi madre inspeccionando—. Ven, vamos a tomarnos una taza de café y nos vamos… —me dice.

Bombón sacude a Zoraida para que se despierte.

—Haz café.

—Deja a la niña tranquila —dice Ma.

Bombón la levanta de todos modos.

Después de que Zoraida lo friega todo, nos reunimos para irnos, pero no sin antes ver que Bombón se escurre de regreso a sus excavaciones en el sótano y escuchar a mi tío murmurar "loca de mierda", abriendo la página de las noticias deportivas.

Unos días después suena el teléfono.

—¿Oigo? —contesta Ma… y luego añade—: ¿Que los espíritus hicieron que las sillas en el sótano se movieran en remolinos? ¿Que es un signo de que deben venir a vivir cerca de nosotros?

—El 'signo' es que seguramente el dueño ya vio el hueco que abrió en el sótano —dice Aurea—. Está chiflada.

En lo único que pienso es que Edito va a vivir cerca, y eso me da tanta felicidad que estoy a punto de explotar. Se mudan para la avenida Bathgate, así que ahora tío Franco y los primos están en la avenida Fulton, al norte de nosotros, y tío Eddie en Bathgate, al sur, y el tren Third Avenue El y yo en el medio, y con reuniones familiares todos los viernes, siento que un sueño se ha hecho realidad.

Estoy deambulando por el apartamento el viernes antes de la fiesta de cumpleaños de Marion Uble. Llevo semanas pensando en eso, acariciando la invitación, tocando con cuidado la caja de pañuelos lindamente envuelta que Ma y yo le compramos de regalo en la avenida Bathgate. Todos los días imagino en mi mente cómo será cuando llegue a la fiesta y cuál será la reacción de Marion cuando vea mi fabuloso regalo.

Pronto llegan los tíos con sus familias. Los hombres toman cerveza y hablan alto, discutiendo sobre la mejor manera de reparar un carro. Edito intenta llamar mi atención, pero no puedo pensar en nada más que no sea en la fiesta a la que voy al día siguiente. De alguna manera, Bombón se da cuenta, y como si fuéramos amigas me lleva aparte y me pregunta:

—¿Tu padre sabe que vas?

What? Me quedo muda. No había pensado en él. Mi madre sabe. Ella me ayudó a escoger el regalo.

—Pepe —escucho a tío Eddie decir—, si le haces eso a un carro puedes estar seguro de que lo vas a tener que *junkear* …

—No, creo que puede funcionar —dice Pa inseguro.

—Pídele permiso ahora —me anima Bombón—. Delante de todos nosotros nunca se le ocurriría decirte que no. Dale…

—Naah —se burla tío Frank—. Mejor deja que nosotros arreglemos los carros.

—Yo arreglaba carros en Puerto Rico… —responde mi padre tratando de volver a la conversación.

Bombón me guiña un ojo y me echa una mirada de aliento.

Mi padre está en el medio de la discusión intentando defenderse, pero yo interrumpo de todos modos…

—Papi… mañana es la fiesta de cumpleaños de mi amiga…

—¿Qué…? —dice volcando toda su atención hacia mí.

—¿Puedo ir?

La respuesta es tan rotunda que no vale la pena ni protestar.

—Tú no vas a ninguna fiesta…

¡No puedo creer lo que estoy oyendo! ¿Que no voy a la fiesta? ¡Pero iba a ir! Tengo el regalo y todo… los pañuelos.

Estoy tan sorprendida que miro a Ma y ella se da la vuelta. Hasta Bombón luce mortificada. En un segundo, no, en menos de un segundo, mi mundo gira de la luz a la oscuridad y se me hace un nudo en la garganta.

Al día siguiente sigo a Ma por todo el apartamento haciéndole preguntas, tratando de aflojar el nudo que no baja.

—¿Qué estarán haciendo ahora? ¿Crees que estarán jugando con la casa de muñecas? ¿O estarán jugando a ponerle el rabo al burro? ¿Ya será la hora de cortar el bizcocho o abrir los regalos?

Ma no me responde, y no importa cuántas preguntas haga, el nudo no se disuelve sino que se endurece y se vuelve parte de mí.

CAPÍTULO 11

Pechos

De repente soy lo suficientemente grande para caminar sola por el barrio, lo cual es genial si no fuera por estos pequeños y fastidiosos pechos que tengo que cargar conmigo. Todo el mundo los notó antes que yo: los chicos que se lanzaron detrás de mí al agua en la piscina de Crotona Park para tocármelos; el desconocido que se me quedó mirando sonriendo desde la plataforma del tren de una manera tan familiar que pensé que lo conocía; hasta el trabajador del parque deja de recoger la basura para mirarme mientras se pasa la lengua por los labios. Me despierto cada mañana y enseguida busco con la mirada a mi nueva preocupación —mis pechos— antes de que ellos me encuentren a mí.

Está comenzando septiembre, el momento de babearse detrás de los nuevos útiles escolares, y en mi cabeza danzan visiones de juegos de lápices, libretas y gomas de borrar, mientras se van enfriando los días. Estoy demasiado impaciente para esperar hasta el fin de semana cuando iremos a hacer las compras en la avenida Bathgate, así que convenzo a Ma de que me deje comprar al menos una libreta en la farmacia.

—Es solo bajar las escaleras, Ma. Puedo ir sola —le digo.

Me dice que está bien y me da algo de dinero.

Después de acariciar los paquetes de tarjetas de tres por cinco, las cajas de lápices de colores y las libretas y lápices No. 2, agarro una libreta de composición y la examino. Nunca me canso de mirar las tablas de multiplicar en el reverso. Tan ordenadas y perfectas que nunca te decepcionan. Le llevo la libreta al farmacéutico. Sonríe y me pregunta si quiero una caja de lápices de colores gratis. Crayones. Pienso rápido; no tengo cartulina para dibujar, pero está bien, ya buscaré la manera de conseguirla después y puedo ir dibujando en mi libreta mientras tanto.

—¡Sí! —digo—. Muchas gracias.

Sale desde detrás del mostrador, escoge una caja de las que están en exhibición, me la entrega y se las arregla para acercar sus manos a mis pechos y manosearme los senos. Mi sentimiento de gratitud por los crayones se convierte en otra cosa. Entonces me ofrece una caja de crayones gigante, de las que traen un sacapuntas y se me hace la boca agua. No puedo casi ni respirar decidiendo qué hacer. ¿Debo dejar que me toque a cambio de una caja de crayones?

Un policía de cara rubicunda en su hora de descanso interrumpe la tentación del diablo.

—¡Ey! —grita metiendo la cabeza por la puerta y dando golpecitos con la macana en el marco.

El sonido de la macana hace que el farmacéutico salga disparado hacia detrás del mostrador más rápido que si tuviera alas. Pienso en la expresión "corriendo con el rabo entre las patas", porque describe bien esa imagen del pantalón encajado en el trasero. Me las ingenio para llegar a las escaleras y luego entrar a nuestro apartamento con mi nueva libreta apretada contra el pecho.

—¡Ya la tienes!

—¿Qué?

—La libreta…

—Ah sí, la libreta…

Es todo lo que digo. No quiero contarle lo que acaba de pasar, no vaya a ser que de alguna forma haya sido mi culpa y no me vuelvan a dejar salir sola.

Equilibrando una fuente de comida subo con cuidado los peldaños hasta el apartamento de mis primos en Fulton. Mickey y Chaty luchan frente al televisor. Han arreglado el televisor y ahora la imagen se mantiene en su sitio y tiene colores porque mi tío ha cubierto la pantalla con un plástico coloreado de azul arriba, para el cielo, verde abajo para la yerba, y amarillo en el medio para el aire. Casi funciona si estás mirando una película del oeste. A cada rato Mickey logra sentarse en la cabeza de Chaty y lanzarse un pedo.

Tío Frank y tía Iris tienen una forma diferente de pelear que Ma y Pa. Iris muestra su enojo cantando una canción sin melodía mientras se queda mirando fijo hacia los árboles que sus hijos han destrozado en Crotona Park. Por su parte, tío Frank se burla de ella por ser tan quisquillosa llamándola por un nombre que solo él sabe qué significa.

—Siiikaaa…

Después de dejar la comida en la cocina sigo hacia la habitación de Mimi, quien ha florecido hasta recuperar su verdadero nombre, Carmen, que nunca antes había escuchado. Mimi se ha convertido en la niña linda de la casa, por la que mi tío e Iris son capaces de hacer casi cualquier cosa. Sobre la cama hay al menos cincuenta muñecas bellísimas. Mimi se está arreglando para salir con su novio, Manny, deslizándose más y más faldas blancas por la cabeza. Las hermanas Divina, Blanca y Lucy, sus amigas del piso de arriba, perfuman la habitación. Lucy es blanquísima con el cabello negro y los labios rojos y carnosos.

—Déjame ponerme un poco de pintalabios rojo —dice Divina, de piel color jengibre con pecas.

—No —responde Lucy—. A ti te queda mejor el pintalabios de color coral.

—Mentira, a ella le queda mejor el rojo vino —contesta Blanca.

Se ríen tontamente, y sus faldas flotan por todas partes, y me pregunto cómo los padres de Blanca sabrían para llamarla así. ¿Qué tal que hubiera nacido con la piel oscura?

—Quisiera saber quiénes irán a la fiesta.

Todas se vuelven hacia Lucy, que se ha atrevido a hablar de lo que está en la mente de todas: la fiesta.

—Bueno, Manny va a pasar a buscarme. No me dejaría ir sola —responde orgullosa Carmen, poniendo un disco de 45 rpm en su pequeño tocadiscos portátil rosado.

Los repentinos chillidos de las chicas ahogan el comienzo de la canción. Pero, de repente, inclinan las cabezas y comienzan a cantar sombríamente como si se tratara de un himno religioso. Las caras les brillan del calor y las pequeñas perlas refulgentes de sudor les cubren el labio superior a medida que avanzan y envuelven con sus pantorrillas el marco de la cama, bailando sensualmente con chicos imaginarios.

Cantan la última estrofa de la canción y no lucen siquiera avergonzadas de cantar y de todo lo demás. Cuando se acaba la canción, Carmen termina de arreglarse el peinado alisando solo la parte superior y fijando el cabello en su lugar con un spray. Luego todas salen tras ella, como una fila de princesas, para la calle.

—Bendición. Adiós —dicen a coro.

Los chicos miran hipnotizados la tele mientras Mickey apoya la cabeza en las piernas de Chaty, y mi tío e Iris ya se reconciliaron. Iris prepara café mientras mi tío Frank escucha un juego de pelota en dos radios sintonizados en emisoras diferentes para no perder ni un detalle.

Afuera las chicas llenan los escalones con sus vestidos, mirando inquietas de un lado a otro de la calle. De pronto aparece un hombre bajito. Las amigas de mi prima se ponen tensas. A medida que se acerca el hombre, veo que le resaltan los ojos de un azul intenso en su cabeza esquelética.

—Bendición, Papá... —dice Lucy nerviosa.

—¿Y ustedes qué hacen aquí afuera? —pregunta el hombre en tono amenazante.

—Hay una fiestecita —responde con timidez Divina.

—¿Una fiestecita? —balbucea él como si nunca en su vida hubiera escuchado esa palabra.

—Es solo un ratito —añade Blanca.

—¡Ahora mismo me suben las tres! —dice.

En menos de un segundo las tres falditas dan un giro cambiando de rumbo y se escabullen dentro del edificio como pájaros que levantaran el vuelo espantados. Me quedo mirando a Carmen.

—Nunca las deja salir a ninguna parte —dice.

—Pero ellas estaban vestidas.

—Piensan que si las ve vestidas se va a compadecer y las va a dejar salir... pero nunca sucede.

—Oh...

Carmen mira calle arriba y calle abajo, hasta que aparece un moreno de brazos musculosos. Es su novio Manny, y tiene unas facciones indias que me encantan. Cuando llega, mi prima y él se besan cerrando románticos los ojos, su pecho rozando sus senos, perdidos en su mundo, como si yo no existiera.

—*Bye* —me despido saliendo hacia Third Avenue rumbo a casa.

Ellos sonríen, yéndose en dirección opuesta, y estoy que me

muero por ser una adolescente como ellos aunque eso signifique que tendré unos pechos más grandes que los que tengo ahora. Después de un tiempo, la familia completa adora su romance y suspiran y sonríen cuando dicen "Carmen y Manny esto…" y "Carmen y Manny esto otro…".

Carmen siempre se está desmayando y nadie sabe por qué, parece que mientras más avanza el noviazgo más ella se desmaya y los doctores no encuentran la causa. La familia está cada vez más agradecida de que Manny esté siempre cerca para sostenerla. De hecho, ¡Manny está siempre cerca de la familia de Carmen! Los sábados por la mañana él acompaña a Iris al supermercado para cargarle las compras, y los domingos por la noche ella lo convence de que acompañe a tío Frank… ¡para alejarlo de los bares!

—Dile que tenemos que ir a ver un trabajo… —le ruega mi tío, sugiriendo un plan alternativo.

—Pero, Frank —responde Manny—, no quiero mentirle a tu mujer…

—No es una mentira… Vamos a ir a ver un trabajo… solo que vamos a tomarnos unos traguitos por el camino…

Manny pasa con ellos tanto tiempo que me sorprende que tenga tiempo para estar con Carmen. Pero lo hace, y yo espero convertirme algún día en la niña linda de la casa como Carmen y conseguirme un novio como Manny, para que la familia entera suspire y se desmaye cada vez que piense en nosotros.

Carmen tiene dieciséis y ella y su novio han decidido casarse cuando ella termine la secundaria. Mi tío insiste en que Manny le proponga matrimonio y le entregue el anillo en público, en una fiesta de la familia. El apartamento de la avenida Fulton se llena de parientes por parte de la familia de Iris que rara vez he visto. Me imagino saliendo con Gilbert y Nelson, los bellos sobrinos de Iris. Gilbert es blanco y Nelson aindiado. ¿Si me hago novia de ellos me apretarán fuerte ciñéndome contra ellos como las amigas de Carmen rodean con las pantorrillas el marco de la cama?

Todos están elegantes, ¡hasta Mickey y Chaty! Chaty ha crecido y ha recuperado su nombre real, Reynaldo, que nunca antes supe que tenía. Y aunque el nombre real de Mickey es Francisco, seguimos llamándolo Mickey por causa de sus problemas mentales. Las chicas llevan varios vuelos debajo de las faldas y los chicos pantalones ajustados que apenas les llegan a los tobillos. Bailan al ritmo de los Platters y Richie Ray. Las amigas de Carmen, Lucy, Divina y Blanca, no están porque a pesar de que Lucy no está casada y ni siquiera comprometida, quedó embarazada. Eso fue lo que escuché susurrar en la cocina.

—¿Qué pasa? —pregunta Ma.

—Le hicieron el daño —responde Iris.

Dicen que fue "deshonrada". Y le pregunto a Ma qué significa eso.

—Quiere decir que va a tener un hijo aunque no está casada.

—¿Pero cómo pudo pasar algo así? Yo creía que Dios mandaba los bebés después de que la gente se casaba.

—¡Shhh!

—¿Pero Dios no sabía que ella no estaba casada aún?

Repentinamente comienza una conmoción en la sala que nos arrastra dentro del mar de pantalones ceñidos y vuelos que le abren el paso a Carmen y a Manny. Manny termina contra la pared, nervioso y sudoroso, con mi tío frente a él, y Carmen agarrando tímidamente su mano. Suavemente, Manny le pide a Carmen que se case con él. Todos nos estiramos para escuchar su respuesta casi inaudible: "Sí", y entonces tío Frank toma la voz cantante.

—Estoy muy feliz por mi hija. Pero debo decirle algo a Manny frente a todos nuestros amigos y vecinos…

—Sí, señor… —responde Manny.

—Si alguna vez le pones una mano encima, te rompo tu maldita cara.

Todos se quedan callados mientras Manny traga en seco y responde:

—Sí, señor.

A partir de ese momento, Manny es parte de la familia.

Poco tiempo después, Dios se vuelve a equivocar y le envía también un bebé a Zoraida, la hermana de Edito.

—Perdóname, padre, porque he pecado. Hace una semana de mi última confesión —confieso el sábado para poder tomar el domingo la sangre y el cuerpo de Cristo.

—¿Cuáles son tus pecados? —me pregunta el cura.

No suena como el padre Fitzgerald, el cura con el que siempre me confieso. Entonces recuerdo que el padre Fitzgerald se escapó con una de las Hijas de María, un grupo de jovencitas que cantan y realizan servicios especiales para la iglesia. Entonces confieso mis pecados regulares.

—Desobedecí a mi madre, comí tocineta el viernes…

—¿Alguna cosa más?

—Maldije mentalmente a mi padre.

—¿Algo más, hija?

—Bailé por la casa en *panties*.

Hay una pausa, y en ese momento decido confesar algo inusual… los pecados causados por mi cuerpo en erupción.

—Me toqué a mí misma.

El cura se queda en silencio y luego pregunta:

—¿De qué forma?

Me quedo en *shock*. El padre Fitzgerald nunca preguntaba por los detalles. No respondo.

—¿Y bien? —insiste.

"¿No debería saberlo?", pienso. Sigo sin responder. Es demasiado privado. Además, si Dios lo sabe todo, ¿no debe de saber *esto* también?

—¿Estabas sola? —pregunta el cura.

Me siento incómoda e invento algo. Pero sigue presionando.

—¿Estaba alguien mirando?

Me quedo callada.

—¿Y bueno?

—No —respondo.

Lo escucho suspirar, contrariado por mi silencio, mientras me manda a recitar un montón de Padrenuestros y Avemarías. No me importa, no voy a hablar de mi cuerpo con él aunque mi cuerpo me esté traicionando con los pies creciendo a un ritmo alarmante, y Ma mirándome enojada porque necesito zapatos nuevos para aliviar los dedos amontonados, y ahora encima tenemos que comprar unos sostenes porque los senos están causando más problemas que los pies.

No vuelvo a confesarme nunca más.

Un sábado, un grupo de niñas que nunca antes había visto pasean por nuestra cuadra mientras van rumbo a otro sitio, y se detienen a jugar. Las niñas negras son las mejores saltando las cuerdas dobles, con su conteo rápido y el atractivo vaivén de sus caderas. No es la primera vez que he saltado Double Dutch, así que lo hago lo suficientemente bien como para que me permitan jugar por un rato, y todas comenzamos a saltar por turnos de manera tan natural como si hubiéramos estado jugando juntas toda la vida. Antes de darme cuenta estoy tan metida en el juego que casi puedo seguirles el paso, hasta que siento los ojos de los hombres del barrio mirándome el pecho. Llevo una blusa azul con dos aberturas zigzagueantes en el frente, desde los hombros hasta la cadera. No sé a dónde ha ido a parar mi sostén de entrenamiento y sé que algo se está viendo a través de la blusa. Los hombres están tan interesados en los dos bultos que me están creciendo en el pecho como los pasajeros del tren, el trabajador del parque y el farmacéutico.

Pido un tiempo y corro escaleras arriba para intentar encontrar una solución, pero cuando llego al apartamento mi madre está demasiado distraída lavando y concentrada en hablar con tío Eddie.

No puedo esperar a que termine de chismear, así que me asomo frenética por la ventana para ver si las niñas continúan allí, y allí están, pero no van a esperar demasiado. Tengo que inventar algo rápido. ¡Anjá! La solución me viene en un *flash*. ¡Papel sanitario! Fijando dos tiras de papel sanitario con alfileres por dentro de la blusa puedo cubrir las aberturas. Corro escaleras abajo casi chocando con el otro hermano de mi madre, tío Frank, que viene subiendo.

—Bendición.

—Dios te bendiga.

Me reincorporo al juego bendecida. Pero intentando jugar tan rápido como las niñas negras algunos alfileres terminan pinchándome. De todos modos, salto y logro ser tan buena como ellas en este juego (por lo menos para una boricua), cuando veo a mi padre acercarse caminando por la calle.

Intento captar su humor tan rápido como puedo y es un alivio notar que no está borracho… pero veo que luce cada vez más serio a medida que se acerca.

—Ven acá… —me llama, y dejo de saltar.

¡Saz! ¡Saz! Las cuerdas me golpean las piernas. Duele, pero no dejo que sigan y me paro encima de ellas hasta ver qué quiere Pa. Me mira fijamente como si yo debiera saber lo que él está pensando, pero no puedo leerle la mente por mucho que me esfuerce.

—¿Por qué estás moviendo las caderas para atraer a los hombres? —me dice.

Por unos horribles segundos reviso cada uno de mis actos en la última media hora para ver si de alguna manera he estado haciendo lo que dice, pero no. Cuando recupero todas mis facultades estoy segura de que no he estado tratando de atraer a los hombres. De todos modos, no tengo otra respuesta que permanecer ahí queriendo que me trague la tierra. En el tiempo que me toma salir del juego y ser acusada por mi padre, las chicas recogen las cuerdas y se marchan.

Mi padre da la vuelta para subir y no me queda otro remedio que seguirlo. Contrariada y dolida, ignoro las conversaciones de los adultos y vago por el apartamento hasta que escucho la palabra embarazo.

Entro a la cocina.

—Aquí estamos nosotros muriéndonos de hambre y ustedes las mujeres siguen teniendo hijos —grita tío Frank.

Mi madre se da la vuelta como si la hubieran abofeteado y yo casi me caigo. Siempre he pensado que algún día vamos a escapar y a vivir felices sin mi padre. ¿Pero cómo vamos a poder si ella sigue teniendo hijos?

Petey nace cuando Aurea tiene unos dieciocho años y está haciendo planes para mudarse a California.

—¿Por qué tan lejos, Aurea? —llora Ma.

Yo sé por qué.

Ma le pone al nuevo bebé Enrique. Aurea lo apoda Petey, y se escapa al oeste.

Extraño a Aurea todos los veranos que tengo que hacerme cargo de Joe mientras Petey se queda con una vecina que lo cuida. Establezco una rutina para Joe y para mí. Dormimos tanto como sea posible, desayunamos la avena grumosa que nos deja preparada Ma, reviso en la guía de la tele para ver si hay algún musical; después de la película preparo sándwiches de atún, relleno unos termos con refresco Kool-Aid y me llevo a Joe al parque.

En la avenida Fulton encontramos a Edito y al resto de los primos de Fulton. Me siento en la cubeta de metal que sirve de asiento de un columpio mientras Edito lo retuerce hasta que las cadenas crujen. Luego se cuelga mientras las cadenas del columpio se desenredan (a la misma velocidad que nuestros cerebros). A veces nos sentamos todos en un subibaja y chocamos contra el suelo tan fuerte como podemos para ver quién se cae.

Cuando estamos cansados abro la manta y observo a las hormigas meterse dentro del sándwich de atún, con la esperanza de que nadie patee el Kool-Aid. Son solo las 11:30 de la mañana y no sabemos qué más hacer. El tiempo que debemos matar antes de que Ma regrese a casa nos está matando.

CAPÍTULO 12

Cuchillos en el horno

Una noche del siguiente verano, cuando ya la oscuridad se va tragando el día, me encuentro sola. ¿Dónde están todos? Al rato recuerdo que Ma ha ido a recoger a Aurea al aeropuerto, que está regresando de California. Pegada a la ventana veo los aviones en el cielo y me pregunto cuál será el suyo. Escucho esperando cualquier sonido de gente en la puerta, pero todo lo que oigo es el aburrido edificio crujir mientras se estira, las voces en sordina de otros apartamentos, el eco de los radiadores y los ratones correteando dentro de las paredes. El tiempo se alarga cada vez más e incluso pareciera que los trenes se retrasan. Entre la desesperación y el aburrimiento soy presa fácil de los pensamientos más espeluznantes y las fantasías aterradoras que flotan por el aire como afilados fragmentos de vidrio en el espacio. Toda la energía se me va en desear que esos malos pensamientos se disuelvan antes de tomar forma. ¿En qué no deseo pensar? En que mi padre llegue borracho, ¿y luego qué más? No tengo ni idea, ¿o sí la tengo? Alejo esos pensamientos mientras escondo los cuchillos en el horno, impasible, como si fuera otra persona la que lo estuviera haciendo, y rezo por que llegue algún adulto.

Desearía que mi tío Frank y mis primos llegaran a echar abajo la puerta. Antes adoraba esas visitas inesperadas, pero ya tengo diez años, ya no soy una niña, y ahora ya no me gusta cuando ellos nos invaden haciendo ruido e interrumpiendo cualquier cosa que esté haciendo o cualquier programa que esté viendo en la televisión; pero en este momento deseo que aparezcan. Si llegan en este mismo instante juro por Dios que no me voy a molestar si no me dejan ver los últimos cinco minutos de *Walt Disney's Wonderful World of Color* por el resto de mi vida. Si los veo entrar en los próximos cinco minutos no me va a importar si Mickey lanza al suelo a Reynaldo y se tira un pedo en su cabeza. Ellos no llegan y se me van acabando las cosas que prometerle a Dios. Así que los llamo para ver si se dan cuenta y vienen. O quizás me inviten a su casa. Puedo estar allí en cuestión de minutos. Iris responde.

—Es Sonia…

—¿Qué pasa?

—Mami no está…

Después de contarle que fue al aeropuerto a recoger a Aurea, no sé qué más decirle.

—Anjá —responde Iris.

—Papi tampoco está…

Ahora seguro que se da cuenta de lo que quiero decir, pero solo se escucha un prolongado silencio y luego una tos. Le repito que mi padre no ha llegado a casa, por si la vez anterior no le ha quedado claro.

—Alguien llegará pronto —comenta tan bajito que apenas puedo escucharla.

—Espera —le digo.

—Ya verás, vendrán pronto —dice y cuelga.

Escucho el sonido vacío que nos conecta antes de colgar yo también. Afuera, el tren silba con un sonido metálico, pero no es un tren lo que espero. Quiero que el avión en el que se supone viene mi hermana haya aterrizado hace rato y que Ma y Aurea estén a punto de entrar por la puerta ahora, ahora, ahora, ¡ahora mismo! ¿Por qué no acaban de llegar? Mi corazón se acelera como si hubiera estado corriendo, aunque solo he estado de pie, esperando alerta.

De repente siento un ruido en la puerta. Cuando escucho a mi madre y a mi hermana entrar, corro hacia ellas y me desplomo en los brazos de Ma, riendo, aliviada, y sintiéndome como una tonta.

—*What's the matter? AveMaríaPurísima*, deberías estar abrazando a tu hermana, que fue la que llegó, y no a mí.

Abrazo a mi hermana y dejo que su llegada acabe de limpiar todas las cosas estúpidas, malas e imposibles que he imaginado. Ma prepara café y comemos *cake* y Aurea nos cuenta sobre California y luego llega mi padre y gruñe y se sienta a tocar la guitarra y yo ni siquiera puedo recordar qué es lo que me tenía aterrada. Qué estupidez la mía de inventarme esas cosas.

Aurea comparte un apartamento con una muchacha en Queens. Ma y yo vamos a visitar su apartamento impecable. Llevo el pelo en rolos y agarro mi cartera debajo del brazo como tía Iris cuando viene a visitarnos. El apartamento tiene muebles claros de los llamados daneses. Aurea duerme en un sofá cama.

Nos presenta a la gordita que es su *roommate*.

—Si esto es lo que quieres… —dice Ma mirando a su alrededor con tristeza.

Aurea me mira.

—Quédate esta noche —me dice.

—Yo…

—La llevo mañana —dice.

—*Okay* —responde Ma sin protestar y se va.

Duermo con mi hermana en el sofá cama, y cuando nos despertamos el día está lluvioso y melancólico.

La gordita se ducha y se envuelve en una bata de baño mullida.

Hay olor a tocineta, huevos, tostada, café y jugo de naranja. Con los rolos todavía puestos, la Gordi pone la mesa con un bonito tapete, una servilleta y un juego de tenedor y cuchillo para ella sola. Se sirve su delicioso desayuno y comienza a comer.

Después que la Gordi come, se retira a su habitación y reaparece toda maquillada con su uniforme de Eastern Airlines. Se ha quitado los rolos, pero no se ha desenredado los gruesos rizos amarillos. En vez de peinarse, envuelve la cabeza y el cuello holgadamente con una bufanda como hace Katharine Hepburn en las películas.

—¿Por qué no te peinas? —le pregunto.

—Lo hago en la oficina. No quiero que se me arruinen los rizos con esta humedad.

En el camino de regreso al Bronx con Aurea pienso en que mi madre está siempre corriendo cuando sale de la casa a trabajar, cargando con nosotros para todos lados antes de dejarnos donde quiera que vayamos a pasar el día. Pienso en que Ma siempre nos alimenta primero, con una mirada de "apúrate y cómetelo todo", antes de que finalmente pueda comer ella, siempre después de todos y parada frente a la estufa. Y cuando está lloviendo ni siquiera tiene una capa de lluvia a juego con la sombrilla como la Gordi.

El día que noto que están abriendo un mercado A&P al cruzar la calle nuestra rutina cambia ligeramente. No hay nada en la televisión que valga la pena mirar. Ma ha dejado mezcla de pancakes para el desayuno. Vierto la mezcla en una sartén caliente y le grito a Joe. No responde.

—*Joe! Where are you?* ¡Ven a desayunar!

Busco por todo el apartamento pero no lo encuentro. Finalmente se me ocurre mirar por la ventana y lo veo en la escalera de incendio.

—¡Joe, entra... se me van a quemar los pancakes!

En vez de hacerme caso, se aleja. Corro a la cocina para chequear el desayuno y me encuentro con que la mezcla se ha desbordado por los lados de la sartén y no puedo voltearlo, así que agarro una espátula y les doy vuelta a los pancakes como si fueran huevos revueltos. Entonces regreso corriendo a la ventana para entrar a Joe.

—¡Joe! ¡Te dije que entraras!

Me mira enojado tratando de escapar por los peldaños de la escalera de incendio. Lo agarro por el cuello y lo veo caer a través de la abertura de la escalera de incendio, pero se las arregla para agarrarse de los lados con los brazos y las piernas. Nos quedamos sin aliento, mirándonos el uno al otro con odio; huelo los pancakes quemándose y halo a mi hermano hacia adentro del apartamento, corro a la cocina, echo todo el revoltillo de pancakes en un plato y se lo lanzo en la mesa. Trata de escabullirse de nuevo.

—¡Come! —le ordeno.

Inmediatamente después del desayuno preparo los sándwiches de atún y el Kool-Aid para almorzar en el parque. Agarro una manta y algunos cómics de Superman.

Joe y yo estamos deambulando por el parque después del almuerzo y el día completo está bostezando frente a nosotros cuando de pronto veo a mi madre haciéndonos señas frenéticas. ¿Qué está haciendo en casa tan temprano? Antes de que pueda procesar la idea, veo a mi padre llegar dando tropezones. Agarro los termos y la manta y me acerco a mis padres. Huelo un nuevo peligro. A medida que me acerco puedo escuchar a mi padre insultando a Ma. Ella agarra a Joe y los termos cuando llego y salimos caminando para la casa. Ma camina con paso lento y firme y todo lo que me viene a la mente es Cristo cargando su cruz. Mi padre, en cambio, camina como un loco, a veces rápido y otras lento y dando tumbos, dándole vueltas por delante y por detrás. Me pego a Ma, colgándome y buscando algún tipo de explicación, pero su rostro está inmutable, sombrío.

La gente camina a nuestro lado antes de advertir que están en medio de una pelea. Miro a los desconocidos a ver si sus expresiones me revelan algo, pero no descubro nada. Después de que los transeúntes ven en lo que se han metido, se apartan y se paran a observar, como si se tratara de un desfile.

Algunos curiosos nos siguen a cierta distancia. Hago dos cosas. Primero camino junto a mis padres por un rato, luego me aparto y me mezclo con los curiosos tratando de pasar desapercibida, como si no conociera a esos tres que se van sacudiendo delante de mí. Ninguno de mis padres me descubre en ese juego de ser parte de ellos y al mismo tiempo una extraña.

Doblamos en la esquina y pasamos de largo junto a la bodega de don Joe, que sale limpiándose las manos enormes en el delantal ensangrentado, negando lentamente con la cabeza, mientras nos observa entrar al edificio. Subimos las escaleras con paso lento y firme.

Como voy en la retaguardia, veo a Genoveva abrir la puerta y luego cerrarla, dejando una rendija para observarnos con voracidad. Flor aparece a medio vestir para ver qué sucede, la Puerca Bizca abre la puerta y me gustaría gritarle que está apestando el pasillo con el olor que viene de su apartamento mugriento. Toda la familia Cabeza asoma la cabeza por la puerta por orden de tamaño.

Mi madre les pasa por el lado silenciosa como si fuera una reina y ellos un puñado de plebeyos. Mantiene un espacio prudente entre ella y mi padre, que sube trastabillando los escalones. De pronto, en cierto punto, cuando está justo sobre él y todos los ojos del vecindario están puestos en ella, hace algo impensable. Coge impulso meciendo los termos en el aire y se los estrella en la cabeza con tanta fuerza que los termos se rompen.

Los vecinos miran boquiabiertos como las diminutas partículas de espuma aislante vuelan por todas partes, convirtiendo la escalera sucia y oscura en un bello paisaje nevado. El mundo pasa en cámara lenta, algunas pepitas aterrizan en mi cabeza, mis hombros y mis pestañas, inflamando mi corazón de alegría y de orgullo.

Meses más tarde, estoy corriendo escaleras abajo, volando de la emoción ante la noticia de que nos vamos a mudar.

—Es esa maldita bodega —opina Genoveva—. Ahora ya no va a encontrar tan fácil un lugar donde beber.

—Un apartamento más amplio va a ser muy agradable —opina doña Cabeza.

—Recuerda que tú trabajas —dice Flor envidiosa.

Estoy segura de que cuando lleguemos al nuevo barrio todo se arreglará y que vamos a vivir felices para siempre. Todo es posible.

PARTE 2

La lucha

CAPÍTULO 1

Aterrizaje en el planeta X

¿Dónde estamos? ¿Qué lugar es este? Aparecemos en el medio de un laberinto de edificios de solo seis pisos de altura, demasiado bajos para ser proyectos. Las fachadas de los edificios no dan a la acera. Mis padres miran fijamente la dirección en un pedazo de papel como si no la hubieran visto antes, como si hubieran olvidado incluso lo que es un pedazo de papel. Veo que los edificios tienen números, pero pintados en los costados, ¡no en la puerta de entrada, como se supone que debe ser!

Finalmente encontramos el camino después de pasar un pequeño césped, siguiendo hasta un paseo que da vueltas alrededor de sí mismo. Al llegar al apartamento, lo primero que hago es ir a las ventanas, pero todas dan a edificios iguales que el nuestro separados por pequeños céspedes. ¿Dónde está la calle? ¿Cuál es el camino de salida? ¿O la parte de adelante y la de atrás? No puedo ver quiénes viven alrededor, entran o salen, juegan, pelean o beben. ¿Cómo voy a poder detectar en qué estado llega mi padre si no lo puedo ver caminar o balancearse por la calle?

Más tarde, Ma está de pie, perdida en el vacío de la sala repleta de cajas mientras Petey, mi hermano pequeño, gatea por el suelo llorando, y mi hermano Joe con sus ropas demasiado apretadas empuja su carro de juguete de hojalata suavemente por la pared.

—Dejen eso —les suplica Ma.

Petey no puede, pero Joe se sienta sin moverse; y como se ha vuelto un experto en desaparecerse, pronto nos olvidamos de que está ahí. Mi padre le pasa un dedo por la cara a mi madre, desde la oreja hasta la mejilla, suavemente, para que se sienta mejor, pero eso no es suficiente y ella se aleja.

Caminan silenciosos por todo el apartamento, recogiendo cosas de arriba y poniéndolas abajo en el mismo lugar, evitando mirarse a los ojos. Pensé que íbamos a ser felices mudándonos lejos de la bodega para un barrio mejor y un apartamento más amplio, pero ellos lucen más tristes que nunca. No es que hayan hecho nada para mejorar, pero ahora es como si se hubieran golpeado contra una pared de vidrio que no hubieran visto justo delante de ellos.

Miro a mi alrededor. Las habitaciones son blancas sin grietas en las que perderse o imaginar formas. Los pisos son de madera reluciente y no están recubiertos de linóleo con estampados rosados, y las lámparas empotradas en el techo emiten una luz flourescente que hace que nos movamos como cucarachas alumbradas buscando desesperadas dónde ocultarse. Desempacamos lentamente durante varios días y encuentro el pez tropical de cerámica que le regalé a Ma un Día de las Madres.

—¿Dónde pongo esto…?

Se vuelve hacia mí, abatida por mi pregunta.

—¿Cómo voy a saber dónde va todo? —responde.

Un día, después de llevar algún tiempo allí, alguien toca a la puerta.

—*Who?* —pregunta mi madre temerosa.

—Tienen que hacer silencio —responde el hombre blanco pálido y delgado que vive en el apartamento de abajo—. Mi esposa acaba de tener un bebé y ustedes tienen que hacer silencio.

¿Qué es esto? ¿Cómo va a ser que nosotros estamos haciendo ruido con mis padres moviéndose sin apenas rozarse como si fueran fantasmas? Hasta sus peleas tienen un tono de cansada resignación.

—No sirve de nada —le escucho decir a mi madre una y otra vez.

—Claro que sí… —responde siempre mi padre.

Somos todos como espíritus. Petey llora silencioso, monótono; yo me vuelvo soñolienta. Toda la familia imita a Joe en su invisibilidad. En ese estado fantasmal floto hacia mi nueva escuela.

—Cuidado —grita Ma cuando salgo por la puerta—. ¡Mira bien para dónde vas! ¿Estás sonámbula o qué?

Sus palabras rebotan en mí. No estoy lo suficientemente despierta como para que puedan entrar en mi cabeza. He ganado destreza caminando, hablando e incluso comiendo mientras estoy medio despierta. Después de varias semanas flotando hasta la puerta de entrada de mi edificio, girando a la izquierda para ir a la derecha, caminando alrededor del desolado parque, para a veces regresar al mismo lugar del que he partido, por fin descubro la manera de salir del laberinto y soy capaz de alcanzar mi meta: la calle desde donde veo un paso de nivel que me lleva a la escuela. No hay bellos trenes elevados en este barrio, solo el tráfico de Bruckner Boulevard. Cada vez que paso por el puente miro hacia el tráfico, siempre en un tapón, con los carros apenas moviéndose.

En la escuela camino arrastrada por la manada de niños, desplazándome a la izquierda y a la derecha al salir y entrar a clases. Si me quedo quieta puedo sentir el movimiento del grupo y seguir sin pensar. Siempre me encuentro entre dos chicas hispanas, Norma y Teresa. ¿Son mis nuevas amigas? No sé. En las clases solo miro a través de la ventana.

—Sonia.

Es la maestra, Miss Pellman, trayéndome de regreso a la realidad.

—¿Quieres limpiar los borradores?

Repito sus palabras en mi cabeza. Si me niego me preguntará por qué. Si digo que sí y lo hago tengo que hablar menos, así que acepto. Cuando estoy terminando me quedo entretenida quitándome una postilla.

—¿Sonia?

Es Miss Pellman otra vez.

—¿Puedes repartir los cuadernos?

¿Por qué sigue despertándome? ¿Por qué no me deja tranquila? Reparto los cuadernos y una chica me pone una zancadilla y cuando me raspo las rodillas con el suelo pienso si se me hará otra postilla para jugar con ella. Norma (o Teresa) me ayuda a levantarme. Cuando voy al baño, Miss Pellman manda a Norma (o a Teresa) a ayudarme. Cuando tenemos que dibujar por la Semana Panamericana, lo hago con Norma o Teresa. Norma es blanca con el pelo castaño lacio y grueso y una ceja que le recorre toda la frente. Usa medias deportivas y zapatos de dos tonos. Teresa tiene la piel casi como la mía, con el pelo ensortijado que solo puede controlar con una banda para el pelo. Tiene ojeras y los labios cuarteados. Cruzamos juntas el paso de nivel de regreso a casa y luego cada cual sigue su rumbo, porque este barrio es artificial, desbordado y anormal. Si fuera un barrio como otros, mis amigas de la escuela serían mis vecinas. Cuando me separo de Teresa y Norma, sigo mi camino con una chica negra.

No voy realmente con ella ni ella va en realidad conmigo, pero he notado que de todas las niñas de la escuela ella es la que vive más cerca. Un día el sentimiento de depresión es tan grande que le hablo.

—Sabes una cosa, vivo justo allí…

Ella se muestra curiosa pero no dice nada.

—¿Quieres venir a jugar…?

Ella asiente y de repente me siento intimidada.

Ma se irrita cuando ve a Rhonda entrar por la puerta. No porque sea negra, no creo, sino porque no hay tiempo para hacer amistades y pasar un rato en mi casa, donde, a pesar del aburrimiento, vivimos como si fuera a ocurrir una explosión en cualquier momento. Rhonda y yo vamos a mi cuarto y ella mira alrededor y me pregunto si le parecerá raro que apenas tenga muebles. Así que decido actuar como si la escasez de mobiliario fuera algo reciente, también para mí, mientras saco un juego de mesa que se llama Girlfriends que juegan unas rubias y unas pelirrojas en los comerciales de la televisión. Las luces fluorescentes hacen que la piel negra de Rhonda azulee y la mía morena luzca ceniza… ni de cerca el rosado cremoso de las chicas que intentamos ser.

Antes de que se acabe la primera ronda, empiezo a sentir sueño y ella comienza a olvidar cuándo es su turno.

—Me tengo que ir pronto —dice después de un rato.

El cielo se pone púrpura y es hora de que mi padre regrese a la casa y Ma esconde los cuchillos en el horno y me hace señas de que Rhonda debe irse, porque tú nunca sabes qué pueda pasar. Rhonda y yo apenas nos miramos cuando nos despedimos en la puerta, y enseguida regreso a mi cuarto y me duermo tan rápido y profundo como puedo.

A la mañana siguiente me visto y voy a salir cuando Ma me hala hacia adentro del apartamento. Me enseña mis pijamas, con una mancha roja parduzca, como evidencia de un crimen cometido. Ma me empuja al baño, me baja los *panties* y me hace meterme dentro de un anillo de elástico con dos sujetadores por delante y por detrás. Sé lo que es. Lo he visto en el baño año tras año, a veces secándose en el tubo de la cortina como una serpiente moribunda, y otras veces escondido en una caja grande de Kotex en la parte de atrás debajo del lavamanos. Con gesto lúgubre engancha una almohadilla sanitaria con los sujetadores asegurándose de que me queda cómoda entre las piernas y me deja ir. Siento como si llevara un emplasto de mostaza. Pero los emplastos de mostaza se ponen en el pecho cuando estás enferma y no puedes respirar. ¿Estaré enferma allá abajo?

Cuando veo a Teresa y a Norma en el paso elevado es que finalmente comprendo. Me cayó la regla. ¡Me cantó el gallo! Así le dicen mis tías Bombón e Iris cuando hablan de eso. Cuando alguien tiene la menstruación, ¿se dirá que le cantó el gallo incluso aquí en Nueva York? Estoy tan feliz de que no sea nada malo.

—Me cayó la regla —les presumo a Norma y a Teresa en cuanto nos juntamos.

¿Por qué se dirá "me cantó el gallo", cuando yo soy la que estoy cacareando alto y fuerte y me siento especial? Nadie me está cantando, soy yo la que me canto a mí misma.

—*Wow* —dice Norma.

—¿Ya tuviste el período? —le pregunto.

—No.

—¿Y tú, Teresa?

—No —confiesa tímidamente como la niñita que es.

Ambas me miran como si tuviera alguna enfermedad contagiosa a la que le tienen miedo, pero yo sé que ellas sí quieren contagiarse y ser finalmente adultas.

En la escuela, Miss Pellman se da cuenta inmediatamente. ¿Cómo es que puede saberlo todo sin que le diga? Me da palmaditas en las mejillas con su mano fría y suave, me aprieta los hombros y sonríe. Las reglas para ir al baño son diferentes ese día. A las 10:00 a.m. Teresa y yo levantamos las manos. Miss Pellman nos da permiso para ir, y luego añade:

—¿Por qué no vas tú también con ellas, Norma?

Que nos permitan a las tres ir al baño al mismo tiempo nos hace hincharnos de orgullo y salir flotando por la puerta. ¡Luego nos permiten el mismo privilegio a las 11:30 a.m.! El aula entera murmura con desaprobación, pero a quién le importa; mi menstruación nos ha hecho especiales a mis dos amigas y a mí. Soy la reina y ellas mis dos damas de compañía. La dicha me dura solo unos pocos días y, después de algunos meses de visitas sangrientas, es que mis problemas verdaderamente comienzan.

CAPÍTULO 2

Estúpida

Estoy en la fila para salir a jugar en el recreo. Alguien choca contra mí y cuando levanto la vista del suelo, veo que el chico que ha tropezado conmigo está tan sorprendido como yo, pero justo detrás de él está la odiosa de Denise, que siempre está cerca cuando me caigo. Ella lo ha empujado contra mí. Denise es negra, pero su piel es mucho más clara que la mía y tiene algunas pecas en la nariz. Lleva el pelo dividido en muchas secciones y sujetado con hebillas de distintos colores.

—A *mí* no me mires —dice, aunque no hay nadie más a quien mirar.

Se me salen las lágrimas, pero abro bien los ojos para que se acomoden y no se me salgan.

No importa dónde esté, Denise siempre me encuentra. Incluso cuando ni yo sé dónde estoy. Todos los días me pincha o me golpea o me empuja. Norma y Teresa lo saben y miran con los ojos desorbitados sintiendo pena por mí, pero pienso que disfrutan el espectáculo. Nunca veo venir los empujones o pinchazos de Denise, pero aunque los viera no me defendería. Durante semanas solo me meto dentro de mí misma como un cangrejo asustado.

Un día Norma me alerta.

—Oye, hoy es el día…

—¿Qué?

—Denise dice que va a pelear contigo hoy después de la clase de educación física.

Los demás niños deben saberlo también, porque después de la clase mis compañeros se sientan silenciosos en círculo en el pasillo para ver el espectáculo. Denise se para en el centro del círculo, y todos, incluidas Teresa y Norma, se alejan de mí, dejándome sola. Toda la energía me drena fluyendo hacia el suelo, que ojalá me tragara. Estoy aterrada por mi cara, mis orejas, mis piernas, mi pecho, y quisiera poder esconderme dentro de mi propio bolsillo, convertida en una pelusa. Denise me encara y cuando pienso que va a pulverizarme aparece Miss Pellman como un hada madrina en un cuento de los hermanos Grimm. Nos hace formar en fila y mis compañeros de salón vuelven a transformarse en niñitos y niñitas y no en sanguinarios luchadores y espectadores.

—Tuviste suerte —me susurra Norma.

—Ella nunca coge este camino —añade Teresa.

—¿Te gustaría participar en un concurso de ortografía? —me pregunta Miss Pellman, como si no hubiese estado a punto de perder mi vida.

Trato de concentrarme en ella. Siempre luce tan cómoda, limpia e impecable con sus suéteres de lana fina, cinturones finos y zapatos de gamuza. Su pelo es tan bello, de un castaño oscuro, y lo mantiene separado de la cara con una banda de pelo. Pienso que sus piernas son bonitas pero ella no lo es realmente, porque su nariz es demasiado larga y fina. No se me ocurre nada que decirle, a pesar de que sé que no quiero estar en el concurso.

—No tienes que preocuparte, solo hazlo lo mejor que puedas y todo saldrá bien.

Más tarde miro las palabras que se supone sepa deletrear y me sorprendo de que la palabra "*cocoa*" tenga una "a" al final. No tiene ningún sentido, no se puede escuchar esa "a". El día del concurso de ortografía estoy nerviosa en el escenario del auditorio, y espero ser lo suficientemente buena como para que Miss Pellman no se arrepienta de haberme escogido. ¡Llega mi turno! Y me piden que deletree *cocoa*. ¡Oh no, esa palabra engañosa que tiene una "a" al final! Quizás me la aprendí mal. No puedo estar segura de lo que sé. ¿Quizás vi una "a" que no estaba?

—Cocoa, c-o-c-o, cocoa —deletreo.

Me descalifican inmediatamente y más tarde, cuando tengo que enfrentar a Miss Pellamn, me siento avergonzada.

—Oh, no te preocupes —me consuela impaciente.

Más tarde en el recreo estoy junto a la cerca, pensando en lo estúpida que soy y preguntándome por qué tuve miedo de deletrear *cocoa* correctamente, cuando una pelota rebota contra mi cabeza. ¿Quién la lanzó?

—¡Ja, ja!

Un gordo grande, de pelo y cejas blancas, con dientes amarillos, viene hacia mí.

—*Sorry* —dice con una risita estúpida mientras se inclina a recoger la pelota.

Me toco el chichón en la cabeza y cuando tengo a la vista su cuello suave y blanco de malvavisco, me entra una furia ciega que me hace saltar sobre su espalda y morderlo. Soy arrastrada hasta la oficina del director.

—¡La gente come! ¡La gente mastica! —grita el director—. ¡Solo los animales muerden! ¿Eres un animal?

Después llama a mi madre a la factoría. Cuando llega esa noche a casa está furiosa porque tiene que salir del trabajo para pasar por la escuela. Necesitamos ese dinero. ¿Cómo pude ser tan desconsiderada? ¡Estoy loca haciendo que la maestra tenga mala opinión de mí!

Unos días más tarde viene a la escuela, pero hay algo más en su mente, porque apenas escucha a medias las quejas del director sobre mí. En el camino a casa la miro y es como si estuviera conduciendo el carro con el impulso de su propia energía, no con gasolina o ruedas. Tiene los ojos desorbitados y su pelo flota desordenado hacia atrás. Llegamos a casa y me sorprende encontrar a Bombón metiendo nuestra ropa en maletas viejas. Me dicen que me ponga también a empacar.

—¿Empacar? ¿Por qué?

—¿Por qué va a ser? ¡Porque nos mudamos ahora mismo, rápido, antes de que llegue tu padre!

¿Y esa locura? Si no ha pasado nada. Ninguna pelea grande. Solo miradas y tensión en el ambiente.

—¡Avanza! —grita mi madre, y me apuro todo lo que puedo.

¿Pero qué quiere que mueva? ¿El refrigerador? ¿La estufa? La empujo.

—¡Muchacha! ¡Pon tu ropa en esa bolsa!

No puede creer lo estúpida que soy. Quisiera poder meterme dentro de la bolsa y tirarme por la ventana y caer en el laberinto en el que les tomaría semanas encontrarme. Pero nos metemos todos en el carro y manejamos hasta un apartamento en la avenida Washington, justo al lado de donde vivíamos en Third Avenue. El edificio es viejo y desvencijado y se está cayendo a pedazos, con el marco de madera de la puerta flojo. Joe está fascinado de que sus juguetes rueden y se amontonen en un rincón porque el piso está inclinado, y a pesar de que el apartamento es diminuto, tres habitaciones amuebladas y la cocina, Ma se pierde dentro de él. Joe trata de vestirse solo y termina poniéndose el zapato derecho en el pie izquierdo y viceversa. Petey llora.

Me pregunto qué va a pensar mi padre cuando llegue a la casa y descubra que nos fuimos. ¿Dará vueltas por todos lados sorprendido y desesperado sin saber dónde buscar? Mi madre mira para todas partes desconcertada a pesar de que ella fue la que tuvo la idea de mudarse… Nos mudamos, pero no a un nuevo apartamento sino para afincarnos en nosotros mismos, alejándonos unos de otros.

¡De pronto, una sorpresa! Al día siguiente Bombón se aparece con mi prima Zoraida, que ahora tiene un nombre nuevo: Sue. Con un bebé a rastras y otro en el horno no encuentra un lugar donde vivir. Bombón ayuda a su hija a mudarse con nosotros. Ma luce como si la hubieran golpeado en la cabeza con un bate.

—Ella se encargará de Joe y Petey mientras tú trabajas —le asegura Bombón.

¿Esto es bueno o malo? Miro a mi madre para ver cómo se siente, pero no puedo entender su expresión, así que miro a Sue. Me recuerda a la bella actriz Kim Novak, alta y con la nariz perfilada. Bombón está lista para irse, pero espera hasta que su nieto no está mirando para golpearlo por sorpresa en las piernas. Duro. Él se da vuelta hacia ella con el rostro desencajado, sin comprender, y rompe a llorar. Me quedo mirando a Bombón.

—Para espantar el mal de ojo —dice.

Esa noche Ma y Sue ponen dos sillas una frente a la otra, improvisando una cama para el bebé, y Sue, que está embarazada, duerme en el sofá.

Comparto la habitación del fondo con Joe, y Petey duerme con Ma. Miro a través de la ventana. El cine Fenway, al que Aurea y yo solíamos ir, queda al cruzar la calle, y mirando las luces que parpadean en las letras gigantes de neón rojo, pienso que no soy la única estúpida en esta familia.

CAPÍTULO 3

West Side Story

Aunque nos mudamos, hemos decidido que terminaré el año escolar en la clase de Miss Pellman. Me toma bastante tiempo llegar, a pesar de que Ma me deja en una parada de autobús camino a su trabajo.

—Solo hasta que acabe el año —me susurra—. Entonces irás a una escuela cerca de aquí.

Casi no la escucho, o no del todo. Realmente no escucho a casi nadie, ni siquiera a Miss Pellman cuando me saluda cada mañana.

—Sonia…

Los labios de Miss Pellman se están moviendo.

"Qué lindo color de labios", pienso.

—Este sábado… ¿podrías venir?

Me pregunto cómo es que no se ha casado. Y creo que es una buena forma de estar, sin casarse, libre de hacer lo que uno quiera.

—Puedo hablar con tu madre si quieres.

¿Pero, de veras quiero ser una solterona como Miss Pellman, una jamona…?

—Me gustaría llevarlas a ti, a Norma y a Teresa…

Ser una vieja solterona no está tan mal si tengo trabajo…

—¡Sonia!

Me despabilo.

—*What?*

—Quiero llevarlas a ti, a Norma y a Teresa a ver *West Side Story* el sábado. ¿Te gustaría?

—*West Side Story?*

—Una película basada en un musical —dice.

Mi padre no está para prohibirme automáticamente todo lo que sea divertido, así que el sábado siguiente estamos en Manhattan. No en El Barrio, la parte de Manhattan donde vive mi abuela, sino en una calle de Manhattan llena de cines y teatros, y no son teatros como el pequeño y desastroso Fenway. Estos tienen grandes marquesinas con luces parpadeantes que sí funcionan. Dentro hay toneladas de gente entusiasmada y grandes carteles de estrellas de cine por donde quiera que miro. Encontramos nuestros asientos y me siento con Miss Pellman a un lado y Teresa y Norma al otro. La gente está comiendo palomitas de maíz y conversando, pero cuando empieza la película el silencio cae como una manta sobre los espectadores. El repentino silencio me emociona y alzo la vista desde mi regazo hacia la pantalla.

Veo los patios escolares, las cercas, los edificios y las tiendas de golosinas que he visto en todos mis barrios, pero aquí lucen diferentes. Más nítidos, limpios, brillantes y bellos. ¿Qué es lo que estoy viendo?

También hay algo diferente en las familiares escenas interiores. Solo que aquí una guitarra apoyada contra la pared luce romántica. Las sombras de las cruces en los altares caseros son tan misteriosas que inmediatamente me hacen pensar en la religión de otra manera. Ver a una actriz llevar una cruz sensualmente en el pecho es una imagen que se me queda clavada. También yo quiero llevar una cruz sexy entre los senos. Los colores que veo son rosado chicle, azul turquesa y púrpura, pero no son solo estridentes, sino audaces, elegantes y llenos de significado. Miro a la pantalla, manteniendo una distancia mental para poder razonar e imaginar, pero no hay nada que imaginar. Cuando los actores bailan y cantan en el tejado sobre lo que significa vivir en Estados Unidos, mi corazón comienza a latir cada vez más rápido hasta provocar un estruendo que siento como un rugido en los oídos.

Mi alma o algún poder interior empieza a crecer y siento pánico. ¿Habrá suficiente espacio dentro de mí para este nuevo sentimiento? "Abre camino, abre camino", me grita una voz interior. Me incorporo, porque si no acomodo esta emoción va a explotar, quizás hasta herir a quienes me rodean. Abro más los ojos para ver mejor. Mis oídos captan todos los sonidos flotando y estrellándose unos contra otros en el aire, y quisiera saber ¿cuánto tiempo he estado soñando? ¿Dios mío, cuánto tiempo he pasado inconsciente, ajena a todo lo que sucede a mi alrededor? ¡Adormecida! ¡Adormecida! Adormecida. Como una persona drogada, como Dennis, el drogadicto aletargado de Third Avenue. ¿Tendrá razón Ma? ¿Estoy siempre soñando? Adormecida, sí, pero soñando despierta, no… en realidad no. Los sueños son posibilidades. Nunca he ansiado nada que crea que puede realmente pasar. Ni siquiera sabía qué cosas podían estar a mi alcance.

Esta película hace que todo sea posible. Música, palabras, canciones e imágenes se hacen realidad.

"Respira —me digo—. Respira antes de que explotes y te pierdas el final de esta escena, o de la canción, calma, tranquilízate hasta que se acabe la película".

Y casi lo consigo, pero finalmente no puedo controlar por más tiempo esta cosa que lucha por salir… Pero espera, no se trata de "esta cosa", no hay nada "dentro de mí" que se me esté saliendo, como si hubiera comido algo que no debía, sino que es mi propio "yo" que está pujando por salir. El "yo" que no tendrá miedo de ver y sentir y escuchar cualquier cosa que se le atraviese en el camino de ahora en adelante.

Rasgar mi viejo y adormecido capullo para que mi yo real pueda crecer me hace sonreír y luego reír, pero pronto la nueva yo, la que siente el aire a su alrededor y está naciendo demasiado rápido, rompe a llorar, y no se trata de un llanto sino de sollozos. Soy toda lágrimas y jipidos, y todo este alboroto hace que la gente me mire, y yo levanto la vista y veo el telón rojo cerrándose sobre la pantalla y a la gente buscando emocionada abrigos y chaquetas, y finalmente veo que Miss Pellman está alarmada, y lucho por calmarme cuando advierto que Teresa me ha estado viendo llorar ¡y trata de llorar también! Pero está fingiendo, fingiendo llorar.

"No, no, no", pienso. Esta tristeza es mía. Solo mía. Este dolor de ver cómo la gente estúpida se lastima en las películas y en la vida real es mío, solo mío, y la tonta de Teresa no puede sentir mi desesperación.

Miss Pellman me lleva al baño y me enjuaga con agua fría la cara.

—Tranquilízate, tranquilízate —me dice.

No quiero calmarme. "Tranquilizarme" significa acostarme y caer muerta, y no voy a hacer eso. Suficiente tiempo he pasado así. Si una película así puede suceder, ¿qué más? Niñas y mujeres vienen al baño, orinan, descargan los inodoros y se lavan las manos cerca de nosotras, y Miss Pellman les sonríe y les dice:

—Está bien, un poco impresionada con la película, eso es todo…

Pero eso no es todo, hay mucho más. No me importa que los desconocidos me vean llorar. Estas lágrimas son importantes y no voy a contenerlas. Esta tristeza no es el letargo lento y sombrío habitual, ese al que me he acostumbrado sin siquiera darme cuenta. Esta tristeza es estimulante, viva, incansable, como una ola que te arrastra cada vez que intentas salir a respirar en Far Rockaway Beach, y sin embargo, disfrutas el peligro.

Nos abrimos camino hasta el lobby y nos encontramos con Teresa y Norma. Las chicas se quedan mirándome y Miss Pellman trata de aliviar la situación.

—¿Niñas, quieren carteles?

Todas queremos, pero es solo en eso que nos parecemos. No soy como Teresa y Norma, solo me parezco a mí misma. Voy a agarrar el cartel pero no voy a permitir que eso me calme. Voy a quedarme con esta sensación de vitalidad, importancia, grandeza y actividad, sin preocuparme por lo que suceda a continuación.

Sujetándome del cartel como si fuera una pequeña balsa, me despido y le doy las gracias a Miss Pellman mientras me alejo resignada de Manhattan para regresar junto a mi madre y su ridícula y rastrera servidumbre. Con el cartel bien sujeto cerca de mi corazón, camino a casa con las lágrimas pegajosas que se me endurecen en las mejillas.

—¿Qué tal estaba la película? —me pregunta Ma.

No sé qué decir. Este apartamento es demasiado pequeño para que quepa ese sentimiento que ella nunca entenderá, y además está demasiado lleno del olor de los pañales sucios como para que quiera compartir la belleza que está sucediendo dentro de mí. Ahora soy grande e importante, con cantidad de cosas importantes por hacer, así que voy a la única habitación con puerta además del baño.

—*AveMaríaPurísima* —murmura Ma, dándose por vencida.

Despliego mi maravillosa propiedad sobre la cama, me acuesto a su lado y miro a las estrellas de la película desde ese ángulo. Lucen tan bellos cantando y besándose en la escalera de incendio que tengo que tocar sus rostros, y la escalera de incendios y todas estas caricias liberan un río sordo de lágrimas contenidas, diferentes de las que solté en el cine. Pero cuando toco la imagen de los viejos edificios que se desvanecen dentro del fondo blanco lloro más fuerte, porque me recuerdan todos los edificios del Bronx por los que ha pasado mi familia buscando algo que nunca encontrará.

Mi manoseo estropea un poco el cartel, pero de repente otros pensamientos me hacen restarle importancia a eso. Me siento en la cama, echo a un lado el cartel, me levanto y miro por la ventana. Estoy viva, totalmente despierta y pienso otra vez:

"Si alguien puede hacer una película como esta, ¿qué no podré hacer yo?"

CAPÍTULO 4

¡Pelea! ¡Pelea! ¡Pelea!

La película me fortalece. Ahora puedo luchar. Así que no tengo ningún problema al final del semestre cuando dejo la clase de Miss Pellman y me voy a la secundaria J.H.S. 55 en la avenida Webster, donde todos los estudiantes nuevos son recibidos con una paliza. Ni siquiera evito las esquinas con chicas de aspecto intimidante, lo cual hubiera sido imposible a menos de que hubiera ido a la escuela vía Brooklyn. Y hasta camino junto a Brenda y su pandilla, Toni, Cynthia y Martha. Toni es alta y delgada, con el pelo esponjoso y dice que la manera de no salir en estado es lavarse con Pepsi-Cola después de tener sexo. Cynthia tiene los músculos definidos y lleva el pelo recogido en un moño francés, y creo que en secreto le caigo bien pero no puede mostrarlo porque sus amigas se pondrían celosas. Martha es bastante oscura y bajita como un susurro. Brenda, en cambio, es como una jugadora de fútbol. Lleva el pelo demasiado corto como para estirárselo, pero aun así lo hace, por lo que le quedan los cabellos estirados arriba cubriendo su cabello natural que se sale por debajo. Es tan fuerte que arrojó a un tipo contra la pared solo porque le dijo "Oye, Brenda, dile a tu madre que deje de usar pintalabios porque me está dejando anillos alrededor del pene". ¡Antes de que pudiera echarse a reír, Brenda lo dejó fuera de combate! Tiene aspecto de malvada natural, pero en una ocasión no me pareció tan dura.

Estaba pasando un rato en el fondo del salón pero pude escuchar.

—¿Qué pasa, Brenda? —le pregunta Toni.

—Nada.

—¿Qué tú quieres decir con 'nada'? —insiste Toni—. Hoy viene tu madre, así que algo pasa.

—¿Por qué no te callas, Toni? —le grita Brenda.

—Prueba a ver si puedes callarme —la desafía Toni.

—Alguien va a recibir una paliza esta noche —se burla Martha.

Más tarde, cuando estamos en nuestro salón, una mujer irrumpe mirando salvajemente como si se hubiera escapado de una jaula. Mira para la derecha y luego para la izquierda, esperando a que la ataquen o a atacar. Es una mujer grande, y la manta anaranjada y negra con franjas blancas en zigzag que lleva la hace lucir aún más grande. Su piel oscura brillante y sin imperfecciones se estira perfectamente sobre sus pómulos pronunciados, su nariz es ancha y delicada, pero parece demasiado enojada como para respirar. No pierde el tiempo con nadie, como si la hubieran interrumpido en medio de algo importante y estuviera furiosa; y me pregunto si Ma luce igual cuando la interrumpen en el trabajo y tiene que venir a la escuela por mi culpa. Los ojos de la mujer se mueven con rapidez por el salón hasta que aterrizan en Brenda como balas, empequeñeciendo a la chica, que se desvanece, y enmudeciendo a la clase. Suena el timbre avisándonos que vayamos para nuestra primera clase, pero todos esperamos a ver qué sucede.

—Sra. Watson —dice la maestra nerviosa—. Gracias por venir. Bajemos hasta la dirección. ¿Brenda?

Brenda parece que estuviera caminando al patíbulo cuando se dirige a la puerta. La maestra va primero, seguida de Brenda y luego la ojos locos de la Sra. Watson. En el segundo en el que ya están fuera de la vista, la clase entra en erupción y sale tras ellas.

—*Ohhh . . . man, oh man . . . Brenda gonna get it . . . oh . . .*

No estoy interesada en la posible paliza que recibirá Brenda. Lo que me ha dejado hipnotizada es el pelo de la Sra. Watson, que se eleva dos pulgadas por encima de su cabeza como una corona de armiño.

—¿Qué tipo de peinado es ese? —susurro.

—Oh… lo llaman "natural" —me susurra alguien como si se tratara de un gran secreto.

Brenda viene al otro día más violenta que nunca y en el pasillo me da un gran puñetazo. Me vuelvo y la veo a ella, a Cynthia, a Toni y a Martha burlándose.

—¿Qué pasa? —dice Toni.

—¿Por qué no dejan de molestar? —dice Cynthia.

Brenda solo me lanza una mirada mortífera y sé que tiene un alfiler en la mano.

A la mañana siguiente me pongo shorts debajo de la falda para que los chicos no me vean los *panties* y me trenzo el pelo de una forma que Brenda no pueda agarrarlo. Quiero estar lista para cuando me arrastre por el suelo. Lo que sucede justo después del almuerzo. En el instante en que siento un empujón, empujo de vuelta con todas mis fuerzas. Todos, especialmente Brenda, están felizmente sorprendidos. Nos citamos para encontrarnos en el patio del recreo después de las tres, donde estoy segura de que Brenda me destrozará, pero ya quiero salir de esto.

Escucho el coro alrededor de mí:

—¡Pelea! ¡Pelea! ¡Pelea!

Ni siquiera espero a que me suba esa incontrolable furia como cuando en mi antigua escuela me lancé sobre el chico y lo mordí en el cuello o cuando le lancé el madero a Edito. Agachando la cabeza, cierro los ojos y me vuelvo un remolino con los puños cerrados. La rozo, pero como ella sabe demasiado como para mantener los ojos bien abiertos mientras pelea, me empuja rápida y fácilmente y se sube encima de mí. Miro a mi izquierda y veo, por entre la marea de pies y piernas, un maestro acercándose.

—¡Se acabó! Cada una de ustedes siga su camino —dice con voz ronca.

Me siento bien después de la riña. No fue del todo mal, algo así como cuando saltas en una piscina, que sientes frío al principio pero después de un rato te acostumbras. Estoy desesperada por llegar a casa para verme el labio partido, pero veo que no está tan mal como había pensado. Ma llega a casa.

—Ey, Ma…

—Apúrate, ayúdame con los sándwiches que Iris viene para acá.

Ni siquiera nota mi labio partido y estoy sorprendida de que no me importe, de que me guste tener un secreto. De todos modos, Ma parece nerviosa. Esta es la primera visita de Iris desde que tenemos nuestra nueva vida, sin mi padre. Ella y mi tío Frank han estado ocupados con la nueva casa que se compraron en la avenida Elder. Atesorando el secreto de mi pelea, ordeno un poco el apartamento e incluso encuentro una manera de cortar en cuatro pedazos los sándwiches de jamón y queso que Ma ha preparado, para que parezca que tenemos más comida. Llegan mi primo Chaty y su madre Iris. Ella usa ahora todo el tiempo tacos altos y sostenes con relleno, y se ríe de la forma en que vivimos, sin un solo mueble con forro de plástico o un espejo de las mueblerías italianas del centro.

—¡Ja, ja! —se ríe mi primo agarrando uno de los diminutos cuadrados de comida y metiéndoselo en la boca—. ¡Mira esto! ¿Para quién han preparado estos sándwiches? ¿Enanos? ¿Bebés? ¡Ja! Mira, si hasta me lo puedo comer como si fueran palomitas de maíz —agrega lanzando un pedazo de sándwich al aire y capturándolo con la boca al caer.

Me río de su ocurrencia, pero por dentro no le veo la gracia, y cuando veo a Iris dirigiéndole una mirada de regaño me doy cuenta de lo mal que nos está yendo. Mi madre está desgastada, no puede ganar suficiente dinero para mantenernos, esta mudanza ha sido inútil.

Todavía es de día cuando se marchan. Regreso a mi lugar en la ventana y veo a un chico bien parecido descargando cajas de refrescos en la tienda de golosinas de enfrente. Es lindo, con el pelo grueso y ondulado y me pregunto cómo es que no lo he visto antes. Pero eso no importa ahora. Comprar algo en la tienda es una manera de salir de la casa, así que voy a su encuentro.

—*Can I have a Mallomar?* —le digo.

Me da una galletita rellena de malvavisco cubierta de chocolate. Pago y me marcho. Me la como afuera y trato de pensar en algo más que pueda hacer para que él quiera raptarme y casarse conmigo, pero no se me ocurre nada, excepto comprar otro Mallomar.

—¿Me puedes dar otro Mallomar?

Me lo da y lo abro y me lo voy comiendo despacio mientras me marcho, pero como no me dice nada regreso y compro otro.

Esta vez abre los ojos sorprendido mientras me lo entrega y me quedo delante de él comiéndomelo.

—¿Puedes botar esto? —le digo entregándole la envoltura de la galleta.

Y todo continúa en silencio mientras mastico. Cuando termino no se me ocurre ninguna excusa para quedarme y como ya se me ha acabado el dinero subo las escaleras corriendo y revuelvo todos los cojines del sofá para ver si encuentro algún menudo. Hundiendo mis manos entre las juntas logro reunir algunas monedas. Hace tiempo que Sue se ha marchado con sus hijos, pero ha dejado un montón de centavos. Cruzo la calle y compro otro Mallomar.

—¡A ti sí que te gustan los Mallomars!

¡Pero si habla!

—Sí, mucho —le respondo, y espero a que diga algo más pero no lo hace.

Lo único que puedo hacer es comer.

—Quisiera otro.

Me entrega otro y mueve la cabeza asombrado y yo le sonrío. ¡Está impresionado!

—Voy a tener que traer otra caja del almacén pronto si te los sigues comiendo.

—Son mis favoritos. No puedo parar. Soy así. Puedo estar comiéndolos todo el día. Podrías también llamarme la chica de los Mallomars… o quizás solo Mallo… pero me llamo Sonia. Sonia Manzano, aunque la verdad es que me lo debería cambiar por Sonia Mallomar.

—Me llamo Tony…

"Tony, ¿como en *West Side Story*?", pienso.

Pero antes de que pueda procesar la idea siento unos cólicos en el estómago que me dejan muda.

—¿Te pasa algo? —pregunta.

Mi estómago retumba tan alto que estoy segura de que puede escucharlo.

—¿Ey, estás bien?

No puedo responderle porque me he vuelto líquida por dentro, y el líquido amenaza con brotar al más mínimo movimiento, así que tengo que correr a casa a retorcerme del dolor en el inodoro hasta que estoy agotada y vacía y siento que he perdido porque mi vida es demasiado diferente a *West Side Story*.

Es sábado por la mañana del día de mi cumpleaños catorce.

—*Happy birthday* —dice Ma entregándome una caja.

Adentro hay un vestido verde tan horrible que enfurezco. No solo porque nunca lo voy a usar, sino porque me recuerda que no tengo a donde ir con él.

—*Thanks*, Ma…

—*AveMaríaPurísima*…

Ya estoy bien del estómago, pero todavía siento vergüenza delante del chico, en cuyo nombre no quiero ni *pensar* porque me hace sentirme como una tonta, así que paso sigilosa por delante de la tienda esperando que no me vea. Está lluvioso y fangoso mientras voy hasta la avenida Bathgate a comprar medias largas, a la misma tienda en la que compré los pañuelos para el cumpleaños de Marion Uble bastante tiempo atrás. Y esa vieja decepción palpita de nuevo y se mezcla con esta fresca decepción de cumplir catorce años hoy.

De todos modos compro un par de medias por cincuenta centavos para que me duren toda la semana. Cuando llego a casa tengo el pelo tan estropajoso que me hace verme tan fea como me siento por dentro. No me queda otra cosa que hacer que mirar el parpadeo de la marquesina del cine Fenway y pasar las páginas de una vieja revista cuando lo veo… ¡Bang! ¡Aquí está! Todo lo que he estado buscando. Lo que me dará alegría y dicha eternas, un corte de pelo rubio y corto, como el que lleva la chica en el anuncio de la lavadora Maytag.

La chica es delgada y lleva un suéter de color azul turquesa sobre una blusa blanca de mangas largas, con un gran lazo alrededor del cuello.

Tiene el pelo amarillo pálido y sedoso y le caen finos flequillos alrededor de los ojos, el resto termina en un corte a la altura de la barbilla.

Lo que me llama la atención es su expresión de alegría. Aparece en una serie de fotos con la secadora y la lavadora. En la primera de ellas está feliz llenando la lavadora de ropa, en otra luce divertida echando el detergente, en la tercera espera pícara a que termine el lavado, en la cuarta lanza con un gesto atlético la ropa húmeda a la secadora, en la quinta hace una pirueta mientras espera y en la sexta ha terminado y está parada triunfante cerca de una pila de ropa recién lavada y meticulosamente doblada. ¡Qué vida! Quiero ser ella para poder reír y espantar mis problemas con mi espectacular peinado mientras lavo, si algún día podemos tener una lavadora. Persigo a Ma, que está en la cocina cantando *"You really got a hold on me…"* mientras prepara espagueti. Otra cosa buena de no tener a mi padre con nosotras es que podemos comer más comida americana.

—Quiero cortarme el pelo —le digo.

—¿Qué?

—¡Como ella! —señalo la chica en la revista—. Así. Un corte que luzca así.

—¡Tu pelo no luce así! —dice Ma.

—¡Pero va a lucir si me lo corto así!

Ella se ríe.

—Ve y ponte tu vestido bonito —dice y continúa cantando—: *Oh yeah, you really got a hold on me!*

—No. ¿Por qué voy a vestirme si no voy a ir a ninguna parte? ¡Quiero cortarme el pelo!

Ma retuerce los ojos sin hacerme caso y yo doy vueltas echando humo por todo el apartamento hasta que se hace de noche, y en eso suena el timbre de la puerta y es Edito. Como siempre, está sonriente y alegre y no juzga la miseria en la que vivimos, como Reynaldo, porque Edito nunca ha sido así. ¡Y detrás de él viene una banda completa con catorce instrumentos!

Aprendió a tocar en el Club de Niños de América y ahora es parte de un grupo que se llama Caribbean Combo, ¡y en este día sombrío ha convencido al grupo para que venga a nuestro apartamento! Entran tropezando en nuestra sala con todo y comienzan a prepararse.

Estoy tan asombrada que no sé qué decir.

—*Happy birthday,* prima —dice Edito sonriendo.

Todo es bromas y risas. El trombonista dice bromeando que el apartamento es tan pequeño que su trombón se va a aplastar contra las paredes. Comienzan a tocar, y es como si fuera la escena increíble de una película en la que uno piensa que uno de los personajes no va a salir con vida pero llega la policía, o aparece el hada madrina, o mejor aún, el personaje descubre algo que le permite salvarse a sí mismo, como Dorothy en *El mago de Oz.*

Mientras suena la música, nuestro apartamento se transforma en el lugar más glorioso de todo el edificio, y nuestro edificio es el más glorioso del Bronx, que a su vez se convierte en el barrio más glorioso de Nueva York, y Nueva York en la mejor ciudad de Estados Unidos, y Estados Unidos en el mejor país del mundo, y la Tierra se convierte en el mejor planeta del sistema solar, y yo soy el centro del universo.

Y entonces, sin previo aviso, nos mudamos nuevamente con mi padre.

CAPÍTULO 5

Southern Boulevard

—Deja que veas tu cuarto… —me dice Ma.

Retuerzo los ojos y no contesto. Estamos en el vestíbulo del nuevo apartamento en el que mis padres han decidido intentar volver a ser felices. Una mujer achaparrada de aspecto mexicano, con dos gruesas trenzas cruzándole la cabeza y vestida con una blusa bordada de campesina, está trapeando el piso, pero en realidad está pendiente de nuestra conversación mientras entramos en el largo pasillo del apartamento. Ma nos empuja a Joe, a Petey y a mí por delante de la cocina y el baño hasta la sala. Los niños corren delante mientras ella señala las dos habitaciones a la derecha y a la izquierda de nosotros.

—Petey va a dormir conmigo y con tu padre en el cuarto grande.

Me pregunto cuándo mis padres se habrán arreglado. ¿Él se habrá aparecido en su trabajo? ¿Se habrán reunido después de que nosotros nos dormimos? ¿Se habrán encontrado en el Hospital Lincoln después de uno de los ataques de asma de Joe?

—Qué cara… —dice ella. Cuando no respondo continúa—: y tú y Joe compartirán esta habitación.

"Excelente, Ma", pienso.

Sin hacerle el menor caso al cuarto voy hacia la ventana para ver el nuevo barrio. La calle no está cubierta de toldos con su agradable sombra como Third Avenue. Southern Boulevard está totalmente expuesta al brillante sol y dividida justo en el medio. A un lado hay edificios y gente y niños jugando, mientras al otro hay garajes con fachadas y toldos pintados de anaranjado que dan servicio a los carros que pasan zumbando por el cercano Bruckner Boulevard.

El edificio al que nos hemos mudado también está dividido en dos. Entras a un patio, y luego sigues por la derecha o la izquierda y subes las escaleras hasta el apartamento, y me siento como todo lo que me rodea, también dividida en dos, como si fuera y no fuera parte de mi familia.

—¿Agradable, verdad?

"Seguro, Ma, increíble".

Los comercios al otro lado de la calle cierran al anochecer y los garajes vacíos, con el tráfico de Bruckner Boulevard de fondo, le dan al vecindario un resplandor misterioso, como si hubiera seres humanos de un lado y seres futuristas que viven en carros en el otro. Nos establecemos. A Joe le habían diagnosticado asma, y su respiración jadeante y los llantos de Petey comienzan a marcar el paso del tiempo. Quiero salir, pero lo más lejos que puedo llegar es a la ventana, que se convierte, como si fuera el punto más alto de un barco naufragando, en el último recurso y aquí lo hago todo: cepillarme el pelo, pintarme las uñas e incluso comer mientras me esfuerzo por asomarme.

Descubro las revistas *True Confessions*, de veinticinco centavos, con cantidad de excelentes historias de mujeres enamoradas que tienen sexo antes de casarse. Leo sacando las revistas por fuera de la ventana apoyada en los codos hasta que el alféizar me marca los antebrazos. La luz del sol me alumbra para leer mis historias durante el día; por la noche, las lámparas de la calle iluminan las palabras.

Un día siento unos ojos que me miran desde arriba. Miro y veo a un chico de pelo arenoso y nariz aguileña enganchada sobre unos pequeños labios. Sigo leyendo, molesta por su mirada, pero todavía puedo sentir sus ojos taladrándome la cabeza. Cierro la revista para que piense que he terminado, de todos modos ya iba a entrar, pero se me queda en la mente, por lo que al día siguiente me preparo, en caso de que esté nuevamente, asegurándome de que el pelo en la coronilla luzca perfecto.

—¿Por qué no entras y lees con una luz de verdad? —me dice cuando me ve.

Me vuelvo y levanto la vista.

—¿Por qué no lo haces tú? —respondo.

—No puedo. Es día de reposo y ni siquiera se me permite encenderlas.

Una mujer lo llama desde el interior del apartamento.

—*Whaddaya doing? Larry!*

Desaparece sin siquiera despedirse. Al día siguiente me cepillo el pelo en la ventana con cien cepilladas (como he leído en una de las revistas que deben hacer las mujeres), para que el chico vea lo largo y hermoso que es. Comienzo. Una cepillada, dos cepilladas, tres cepilladas, cuando llego a las cincuenta cepilladas y no he sentido ninguna vibración desde arriba echo un vistazo. No está y me siento como una estúpida.

Pero a menudo él está, y disfruto ese sentimiento sexy y seductor mientras conversamos, yo abajo y él arriba, aunque exista un apartamento entre nosotros. Nos comunicamos de una manera casi telepática desde nuestras ventanas, y hasta sabemos ignorarnos cuando está con sus padres en el pasillo o en la calle. Es solo en nuestras ventanas que nos volvemos tan reales uno para el otro que casi podemos sentir nuestros alientos.

Un día me pinto las uñas de blanco perlado y sacudo la mano.

—¿Están secas…?

Ahí está.

—Sí. ¿Te gusta el color? —le pregunto volviéndome para mirarlo.

—No puedo ver.

—Mira.

Estiro mis dedos por sobre mi cabeza como si quisiera un abrazo.

—Muy lindas… supongo…

Me da gracia su respuesta.

—Aunque me parezca una tontería… —dice.

—¿Qué cosa? ¿Pintarse las uñas?

—Sí.

—¿No te parece tonto no poder encender la luz? —le digo.

—Es mi religión…

—¿Puedes encender la televisión?

—No.

—¿Y pintarte las uñas?

Se ríe de mi broma y me tiembla el cuello del esfuerzo, pero alzo la vista y le sonrío y él también me sonríe. No nos decimos nada importante y apenas escuchamos las palabras del otro pero estamos en contacto y tenemos una relación tan íntima como si compartiéramos la misma habitación y guardáramos un secreto tan prohibido que incluso nos lo ocultáramos uno del otro.

Matriculo en la Secundaria 133, que es tan nueva que ni siquiera la han terminado. Los maestros descargan útiles escolares, comprobantes de inventarios y me pregunto cuándo van a empezar a dar clases, pero está bien, porque así tengo tiempo de sobra para deambular y pasar el tiempo con mis nuevas amigas Lisa, Dolores y Rita.

Lisa es robusta y alta con gruesos mechones de pelo rojizo castaño claro. Usa faldas ajustadas, suéteres de cuello de tortuga sin mangas, gabardinas y bolsos de mano. Su sueño es ir a la universidad en Tarrytown, Nueva York, y estudiar para ser detective.

—¿Dónde queda Tarrytown? —le pregunto.

—No sé, pero puedo llegar desde aquí —responde.

Casi nunca vamos a su casa porque está llena de electrodomésticos que su hermano les ha robado a los vecinos. El apartamento parece un almacén. Una vez fui a visitarla y nos quitamos los abrigos y los tiramos en un sofá a cuadros. Cuando llegó la hora de irnos, Lucy sacudió su abrigo y me aconsejó que hiciera lo mismo.

—¿Por qué?

—Cucarachas.

En mi casa tenemos la costumbre de sacudir los zapatos antes de ponérnoslos, así que sabía perfectamente de qué estaba hablando. No volvimos a visitarla nunca más.

Dolores es bajita, morena e inteligente. Encontró algo sospechoso en la habitación de su hermano y le dijo a la consejera de la escuela que su hermano estaba en drogas. Me las encontré hablando en el pasillo de la escuela entre clases.

—Siempre ven a verme cuando tengas problemas, Dolores. Siempre…

Dolores me vio y trató de escurrirse, pero la consejera la tenía bien sujeta, y a pesar de ser una mujer bajita a la que el pelo le empezaba a encanecer, agarra bien fuerte.

—Siempre —insistía la consejera—. Siempre. Siempre hay una solución. Hablé con tus padres y resulta que tu hermano es diabético. ¿No es mucho mejor que lo que pensabas?

Dolores asintió débilmente, se zafó y se metió al baño, donde la encontré.

—¿Qué pasa? —le pregunté.

—Nada.

Nunca hablamos de esto, y tampoco vamos a su apartamento.

Rita vive en la calle Fox, a la vuelta de la esquina. Hay algo oscuro e ilegítimo en la calle Fox, como si solo fuera un callejón de mala muerte que se desgaja de South Boulevard y no una calle con integridad y nombre propio. Su padre odia a los negros y va al trabajo todos los días de cuello y corbata aunque todos saben que trabaja en una fábrica. Su madre es ama de casa. La única vez que la visité, tenía un pañuelo amarrado alrededor de la cara porque el lado derecho se le había paralizado.

—El apartamento estaba demasiado caliente —explica Rita—. Cuando mami abrió el refrigerador ese frío repentino le provocó una parálisis.

Como había estado en casa de Rita, la invité a que visitara la mía cuando Barbra Streisand estuviera en la televisión. No he visto a nadie que luzca en televisión como Barbra Streisand y quería que Rita la viera, pero mi padre llegó a casa peligroso.

—Creo que mejor me voy —me dijo Rita. Y nunca más regresó.

A Yvonne la conocí en la calle. Dejó la escuela y es un poco mayor que yo. Solo la visité una vez.

—Esta es mi madre, y Samuel, mi padrastro, y esos son mis dos hermanas y mis tres hermanos.

No puedo ni imaginar dónde duermen porque hay solo una habitación.

Una joven con una niña llega en ese momento al apartamento.

—Oh, y esta es Ángela y su hijita, Julie. Mami les alquila el cuarto.

Ahora ya sé dónde duerme la familia de Yvonne. En cualquier espacio en la sala, en catres. Hay tanta gente en su apartamento todo el tiempo que Yvonne y yo pasamos el tiempo afuera sentadas en los carros. Un día un viejo de piernas y brazos flacos y una barriga puntiaguda como un misil se acerca y le pregunta a Yvonne dónde está Ángela, la mujer que alquila el cuarto en su casa.

—Creo que está adentro —responde Yvonne.

Mientras se aleja, Yvonne me susurra:

—Ese es el novio de Ángela. Él le paga el alquiler a mami para que Ángela y Julie tengan un cuarto. Ángela solo tiene que acostarse con él algunas veces al mes en pago.

Dejé de ir porque Ángela tiene el hábito de decirle a su hija "putica" y pegarle en las piernas con una zapatilla mientras le enseña cómo usar el inodoro sola. Es mejor socializar en la calle o en la escalera de incendio.

Ma y yo estamos en la escalera de incendio que compartimos con nuestra vecina del trapeador que tiene aspecto de mexicana. Después nos enteramos de que no es mexicana sino puertorriqueña y se llama Mercedes. Vive con su esposo y su hija. Todos lucen iguales, achaparrados, de pelo largo y con más tipo de vivir en una granja que en el Bronx. Mercedes es lista, pero su hija tiene un ojo bizco y es tan vaga que a veces la veo descansar la lengua sobre el labio inferior a través de la boca entreabierta. Estoy sentada con las piernas colgando por la barandilla y Ma está tomando sorbitos de café y fumándose un cigarrillo cuando Mercedes se nos une en la ventana.

—¿Cómo están? —pregunta.

—*Okay* —dice Ma tímida.

Por motivos religiosos, a Mercedes le molesta que fumen. Su sala está repleta de carteles de no fumar que, cada vez que voy a pedir prestado algo, me hacen sentir como si hubiera entrado a la oficina de un dentista. Ma se debate entre apagar o no el cigarrillo cuando vemos a una mujer lindísima salir del edificio taconeando hacia la calle.

—Mira —susurra Mercedes maliciosa—. Esa es Irena; vive sola en el otro lado del edificio.

Me quedo mirando a Irena. Tiene el pelo corto y rizado y lleva un abrigo color coral atado firme a la cintura. El dobladillo roza sus firmes pantorrillas, cubiertas con unas medias transparentes oscuras. Un bolso cuadrado le cuelga de la parte interior del codo golpeándole contra la cadera mientras camina con brío como si fuera para alguna cita importante.

—Sabes a qué se dedica…

Pero la figura de un hombre bajito pero realmente guapo, de pelo fino y claro subiendo la calle le impide terminar la frase. De repente, Mercedes luce confundida, desorientada, y no sé de quién me interesa más saber, si de Irena, la mujer del abrigo color coral y tacos altos… ¡o del hombre guapísimo! Pero me quedo sin saber de ninguno de los dos porque Mercedes desaparece dentro de su apartamento cerrando incluso las persianas.

—Al fin puedo fumar… —susurra Ma encendiendo de nuevo el cigarrillo.

Unos días más tarde, Mercedes aparece en *nuestra* casa llorando.

—A estas horas debe de estar embarazada —lloriquea Mercedes con una de las trenzas sueltas meciéndose para todas partes—. ¡Siempre regresa… y hace esto! —dice y se queda callada.

Ma trata de consolarla con café.

—Y de pronto la deja y no sabemos qué está pasando —agrega Mercedes.

—¿Quién es él? —pregunta Ma.

—¡Su esposo!

—¿Su esposo? —Ma me mira incrédula—. ¿Cuánto tiempo lleva tu hija casada con él?

Estoy sorprendida de escuchar que su hija, la del ojo bizco y la lengua vaga, está casada.

—Tres años, pero él solo vivió con ella un año, y ahora… ahora… solo se aparece cuando le da el deseo. Y tengo miedo de que salga en estado. ¡Es terrible!

—¿Por qué no se divorcian?

Mercedes la mira como si la hubiera golpeado en la cara con un pescado. Luego retrocede horrorizada.

—¡Porque el matrimonio es algo sagrado! —gimotea.

—Tranquila, mujer. Tranquila —dice Ma, pensando, y luego añade lentamente—. ¿Y por qué los dejas solos en el apartamento?

—¡Porque los matrimonios necesitan privacidad! —responde Mercedes sonándose la nariz.

Ma disimula una sonrisa y se muere por encender un cigarrillo pero se contiene. Miro la trenza voladora de Mercedes y pienso en su estúpida hija y me siento mal porque si tuviera que elegir entre ser como Ma o como Mercedes, preferiría ser Irena, la mujer bonita del abrigo de coral y los tacos altos, no importa lo que haga para ganarse la vida.

CAPÍTULO 6

Vanessa Delmonte

"Sus bragas calientes chisporrotean como tocineta a través de los arbustos…" Estoy leyendo *True Confessions* cuando la chica más linda que he visto en mi vida toca a la puerta.

—Hola, soy Vanessa y vivo en el otro lado —dice.

Tiene dos matas de pelo rizado a cada lado de la cabeza.

—¿Tienen aspirina? —pregunta.

Ma viene a la puerta y la chica vuelve a explicarlo todo. Se llama Vanessa Delmonte, vino hace poco de Puerto Rico a vivir con su madre, y quería saber si le podíamos regalar unas aspirinas porque cayó con la menstruación y tiene dolores.

—¿Quién es tu madre? —pregunta Ma.

—Irena.

Se me paran las orejas. Quiero saberlo todo sobre Irena, la de los tacos altos y el abrigo de coral. Vanessa sonríe; tiene una separación entre los dos dientes delanteros, y se acomoda en la mesa de la cocina sin importarle en absoluto que nos quedemos mirándola.

—Esta piedra en el ombligo no me está quitando el dolor —dice mostrando una piedrecita anaranjada rojiza.

Ma me mira de reojo. Vanessa tiene los labios gruesos pero la nariz perfecta de una persona blanca. La miro mientras cuenta su historia, después de tragarse la pastilla.

—Vivía con mi abuela en Gurabo, pero debo de ser una carga demasiado pesada para ella y ahora me mandó a vivir con mi madre aquí. No la conozco bien. En realidad, la acabo de conocer. Y poco, porque se pasa el día durmiendo…

Ma comienza a escoger el arroz para la comida. Vanessa salta para ayudarla.

—¡Yo puedo hacerlo!

Mueve los dedos dentro del arroz, sacando piedrecitas con tanta habilidad que apuesto a que sabe cocinar.

—Cocinaba para mi abuela antes de que empezara a esconderme la ropa.

Mi padre llega de arreglar el carro en el otro lado de la calle.

—Café —gruñe, y sigue para la sala.

Mi madre comienza a preparar café, y escuchamos a mi padre afinando su guitarra antes de empezar a cantar. Joe y Petey, que estaban mirando la televisión, se quejan.

—Quítame los zapatos —le pide mi padre a Petey, y este lo complace llorando.

Mi madre alza la vista y extiende los dedos tensos hacia el cielo.

—Paciencia… —dice antes de ir para la sala—. ¿Qué está pasando aquí?

El café comienza a colar. Vanesa lo quita de la hornilla antes de que se bote.

Ma regresa a la cocina con Petey, lo sienta y le da una galleta. Luego, prepara el café y pone el agua para el arroz. Su mente está en otra parte, pero yo quiero escuchar más de la historia de Vanessa.

—¿Por qué tu abuela te escondía la ropa? —le pregunto.

—¿Quién?

—Tu abuela.

—Porque ya era demasiado grande como para amarrarme.

El agua para el arroz comienza a hervir. Ma baja la llama y le pone un poco de sal y manteca al agua. Examino la imagen de los cerditos felices en la vasija verde y blanca de la manteca para que mi pregunta suene distraída.

—¿Por qué te amarraba?

—¿Por qué crees? ¡Para que no saliera! Pero eso no me lo impidió porque había montones de sábanas.

—¿Sábanas?

—Las sábanas que lavaba. Siempre esperaba a que se secaran. Entonces agarraba una y me envolvía en ella como si fuera un vestido.

Vanessa sigue en la cocina con nosotros hasta la hora de la comida. A ella le basta con sentarse tranquila en un lugar, y yo detallo su nariz perfecta y sus labios carnosos de dos tonos con las encías púrpura.

De pronto Petey grita; se ha cogido el dedo al encender el abrelatas eléctrico con el que ha estado jugando. Le halo el brazo con cuidado.

—¿Qué demonios está pasando? —grita mi padre entrando en la cocina.

Ma apaga la máquina y le destraba el dedo a Petey.

—Ven —le digo a Vanessa, y ella me sigue hasta la sala donde a Joe, que está en el sofá, le ha empezado un jipido asmático.

Después de vendar a Petey, Ma le sirve la comida a él y a mi padre, y entonces viene a la sala a atender a Joe. Su jipido es más fuerte. Ma regresa a la cocina y nos sirve a Vanessa y a mí. Parada frente a la estufa engulle un puñado de arroz y alerta a mi padre:

—Ese muchacho está sinfónico —le dice.

Si Joe empeora van a tener que llevarlo al hospital.

—¿Y tu mamá? ¿No te está esperando? Creo que es mejor que te vayas a casa —le dice Ma a Vanessa.

—Mi madre no regresa hasta mañana por la mañana —contesta Vanessa.

—¿En qué trabaja tu madre? —salto al menor chance para preguntarle.

—Trabaja en un bar —responde Vanessa, y se escurre con la misma rapidez con que apareció.

En cuanto se va me encierro en el baño a mirarme en el espejo, examinando mis orejas, ojos, pestañas, encías, labios y dientes. Mis orejas están bien, no son tan prominentes, los ojos, *okay*, las pestañas bonitas también, pero las encías lucen un poco violetas. Mis labios se ven bien, pero son un poco pequeños. De pronto volteo la cabeza, tratando de tomarme a mí misma por sorpresa, preguntándome qué pensaría de mi aspecto si de repente me encontrara conmigo en la calle. Alguien toca a la puerta.

—*What?*

—¡Sonia! ¡Salte del baño! Tenemos que llevar a Joe al hospital.

El asma de Joe ha empeorado. Salgo del baño.

—*AveMaríaPurísima*, ¿qué estabas haciendo allá adentro?

A Ma se le quieren salir los ojos, pero yo sigo pensando en mi propia cara. En cuanto se van regreso a mi autoexamen. Mi pelo es grueso y ondulado, lo que se considera "pelo bueno", pero así y todo me pongo rolos todo el tiempo para estirármelo.

Alzo las manos y las volteo con rapidez —palmas, dorsos, palmas, dorsos, palmas, dorsos, palmas, dorsos— buscando una diferencia de color grande, impactante.

Es una preocupación que he tenido desde que apareció Martin Luther King, Jr. Si estuviera en el Sur con Edito, que tiene la piel más clara, ¿nos separarían en la estación de autobús? ¿Tendría que sentarme en la parte de atrás mientras él se sienta delante? ¿Los desconocidos pensarían que soy una negrita bonita o una blanca fea?

—Vete a dormir —le grito a Petey, pensando en mis encías violetas y mi nariz ancha, y recuerdo un cuento que Ma escuchó de su propia abuela sobre cómo surgieron los negros.

Al principio toda la gente era negra porque Dios los hizo de la tierra oscura. Para terminar, construyó una piscina en la que todos podían zambullirse volviéndose blancos, pero eran tantos que el agua se fue secando y secando hasta que quedaron unas pocas pulgadas. Los que estaban al final de la cola tuvieron que conformarse con lavarse las plantas de los pies y doblarse para lavarse las palmas de las manos.

¿Estaré siempre al final de la cola?

Me quedo dormida en el sofá pensando que si alguna vez nos mezclaran a Vanessa y a mí daríamos una niña blanca perfecta.

Vanessa está de regreso a primera hora.

—Mami está durmiendo, así que tenemos que hacer silencio, pero ¿quisieras venir a mi casa? —me pregunta.

Nos vamos a la carrera para el otro lado del edificio.

El apartamento de su madre es blanco y dorado, con paredes y alfombras blancas, estilizados muebles blancos con adornos dorados y espejos por donde quiera.

—Shhh. Michi... —le dice Vanesa a un pequeño poodle francés con aspecto estúpido y con pañales.

—¿Por qué tiene pañales? —pregunto.

—Porque tiene la regla.

¿Todo el mundo en esta casa tiene la menstruación al mismo tiempo? Vanessa se ve como una mancha oscura dentro de tanta blancura. Nos sentimos más cómodas en su habitación: una explosión de color con ropas brillantes por todas partes.

—¿Te gusta este vestido? —me pregunta mostrándome lo que parece ser una camiseta rasgada—. Yo misma lo hice. Puedo hacer mucha ropa. Mira.

Revisamos todo su armario y nos probamos camisetas largas y bandanas o bufandas como si fueran cinturones. O torcemos grandes pañuelos para hacer blusas de cuello halter. Las sábanas son ideales para faldas cruzadas o incluso vestidos de noche *strapless* si nos las envolvemos debajo de las axilas.

—¿Cuándo recoges este cuarto? —le pregunto.

Me mira solemne.

—Cuando ya no se puedan ver los muebles —responde.

Una risa explosiva se le escapa, contagiándome a mí, y eso la hace reír aún más hasta que nos tenemos que lanzar en la cama para amortiguar nuestro estrépito y no despertar a su madre, pero es demasiado tarde. Irena entra en el cuarto en una bata de noche blanca con el cuello de plumas y en los pies unas pequeñas pantuflas doradas.

—¿Qué está pasando? —dice, pero parece aburrirse de inmediato con nosotras.

Vanessa mira a su alrededor antes de responderle.

—Nada.

La madre de Vanessa sigue chancleteando hacia la cocina para preparar café, con las pantuflas restallándole contra los talones como lengüetazos. El sonido que hace al caminar nos hace reír más fuerte, y cuando tratamos de contenernos explotamos en risitas contenidas y nos atragantamos; y esto se convierte en parte de nuestra rutina. Cada día probamos a fabricar vestidos de pañuelos y camisetas.

—Córtale las mangas a esa camiseta —me ordena Vanessa.

—¿Y luego qué? —le pregunto.

—Entonces nos la envolvemos alrededor de la cabeza…

—¿Como mujeres africanas?

—¡Sí, piratas africanas!

Y esto nos hace partirnos de la risa y empujarnos, tratando de tumbarnos una a la otra.

Cuando pasamos un rato en la calle veo a Larry entrando y saliendo y evitando mi mirada. Decido que Vanessa y Larry harían una maravillosa pareja porque quiero que nosotros tres estemos juntos.

—¡Creo que le gustas a Larry!

—¿Ese pendejo?

—No, en serio…

Cuando Larry y yo estamos en nuestras ventanas me volteo hacia arriba.

—Creo que le gustas a Vanessa.

Parece sorprendido, comienza a decir algo y luego se calla.

Los invito a ambos a subir al techo y luego me desaparezco cuando llegamos, o llevo a Vanessa por algún pasillo cuando sé que él está regresando a casa de la escuela.

Pero no importa lo que haga, Larry siempre parece desconcertado y Vanessa está cansada de intentarlo. Todo se acaba cuando los hago reunirse en la cancha y, cuando el padre de Larry se les acerca, este empieza a jugar balonmano como si Vanessa no estuviera. Ella se pone furiosa e imita su incapacidad para driblear el balón porque le tiemblan las rodillas.

—*Ai tol yu ji uaz a fuckin'* pendejo! —dice.

Ese verano mandan a Larry para los Catskills.

Es un largo verano sin nada que hacer, así que cuando no fabrico vestidos con Vanessa, excavo los contenedores de las tiendas de descuento con Yvonne buscando sostenes rosados con relleno. Cuando la temperatura finalmente refresca, Yvonne y yo pasamos a usar pantalones y nos sentamos en los carros estacionados. Sentada a su lado, miramos la calle de arriba abajo buscando algo que decir.

—¡Ahí viene! ¡Ahí viene! —dice Yvonne de pronto.

—¿Quién?

—Mikey… Se llama Mikey… fuimos novios… no lo mires.

—¿Por qué?

—No quiero que piense que todavía me gusta.

—¿Qué?

—¡No mires!

—¿Y todavía te gusta?

—Sí, pero no le gusto a su padre, por eso tuvimos que romper.

—Pero…

—Él me quiere, pero tiene que hacerles creer que no.

—¿Por qué?

—Shhhh…

Yvonne nunca regresa con Mikey, y cuando un joven de Puerto Rico llamado Luis se muda al barrio empieza a salir con él.

—Luis es tan divertido —dice—. El otro día estábamos caminando y me agarró la mano y se tiró un pedo encima.

Cuando más tarde se lo cuento a Ma, estoy en la escalera de incendio y ella en la ventana fumándose un cigarrillo.

—Si eso es lo que hace ahora que son novios, ni me imagino lo que le hará cuando se casen.

No había pensado en eso, pero me hace pensar en los modos de amar. La risa de Ma atrae a Mercedes a la ventana. Ma me retuerce los ojos, señala el cigarrillo y se esconde adentro. Sigo sentada un rato, sin hacerle caso a Mercedes, cuando en eso veo a Larry bajarse de un autobús. Luce más fuerte, con la cintura estrecha, las piernas largas y los hombros más anchos. Se echa una bolsa al hombro y me entra tanta alegría que salto en la escalera de incendio y sacudo los barrotes como un mono enjaulado.

—Mira —le digo a Mercedes—, regresó Larry. Regresó Larry. ¡A Vanessa le va a encantar verlo!

—¿No serás tú la que estás encantada de verlo? —dice.

Sus palabras me caen como un chorro de agua helada en la cara y quiero echar el tiempo atrás, pero no me queda más remedio que escabullirme adentro del apartamento como un globo desinflado, esperando que Larry no haya visto nada.

CAPÍTULO 7

De vuelta al primer nivel

Estoy en la ventana esperando a ver si aparece Larry, pero no sé para qué me molesto —no hay manera de que pudiéramos ser amigos—, cuando escucho la voz de mi hermana en la puerta. Cuando corro a saludarla, veo que ella y Ma ya están entretenidas conversando, y como sigo preguntándome si es que hubiera podido ser amiga de Larry o no, regreso a la ventana para pensar.

De pronto escucho la voz estridente de mi padre. Una llamarada me sube hasta el corazón y me quedo congelada donde estoy, atrapada entre la ventana abierta con vista a la calle y mi vida. Siento un portazo y sigo esperando, inmóvil, hasta que veo con el rabillo del ojo a mi hermana, con los hombros temblando, huyendo calle abajo hacia el tren. Esa es mi señal para correr a la cocina. En el camino veo a Petey enroscado en el fondo del clóset y a Joe rodando bajo la cama con un bate de béisbol. En la cocina Ma trata de aplacar a mi padre, y yo miro para ver si ella ha tenido tiempo de esconder los cuchillos en el horno. Esta vez no ha podido, porque la ha agarrado con la guardia baja. Sigue calentando una lata de habichuelas para la comida, como si todo estuviera normal. Mi padre está furioso, con los ojos rojos que se le quieren salir y la saliva en la comisura de los labios, con una nota de ira más alta de lo normal. Bloqueo lo que está diciendo y me concentro en que la olla de habichuelas hirviendo puede ser usada de arma. ¿Ella lo sabe? ¿Sería capaz de usarla? ¿Le lanzaría encima la cazuela de habichuelas burbujeantes? Telepáticamente le ordeno que lo haga aunque no estoy segura de tener yo misma agallas para hacerlo.

Pero no hay remedio. Mi padre le da primero virando al revés la mesa, arrancándole una pata y pegándole con ella. Por el camino debo de haber agarrado con el nerviosismo la pantera negra de cerámica que está encima del televisor porque aparece en mi mano cuando la levanto y se la reviento a mi padre en la cabeza. El golpe lo aturde y ese segundo es suficiente para que Ma escape. Mientras ella me pasa corriendo por el lado, mi padre se da vuelta ágil como una bailarina, me mira, y estoy segura de que va a matarme, pero pareciera que no me ve. Su mirada me atraviesa como si yo fuera invisible y se estremece involuntariamente como un caballo, antes de salir por la puerta. Paso el pestillo corriendo detrás de él pero alcanzo a ver a nuestra vecina Mercedes, con el trapeador en la mano, mirando. Amontono tantos muebles como puedo detrás de la puerta, incluyendo la mesa de la cocina, ahora de tres patas.

Pa regresa al cabo de un minuto y trata de tumbar la puerta golpeando con su cuerpo rítmica e insistentemente. Me reúno con Ma en la sala. Tiene sangre corriéndole por la cara. Mis hermanos han ocupado los mejores escondites, así que la llevo a la única habitación con seguro, el baño. Una vez que ella está segura, agarro la misma arma con la que él la ha golpeado, la pata de la mesa, y me paro en el pasillo, esperando a que derribe la puerta.

Fijándome en el estampado de las rosas impreso en el piso de linóleo me doy cuenta de cómo una flor roja grande y exuberante se abre a un tallo que conduce a otra flor. En mi mente, sigo la pauta de diseño y sonido: las rosas y los golpes que mi padre da contra la puerta. Escucho un golpe, veo una rosa, escucho un golpe, veo una rosa, hasta que el dibujo de las rosas choca contra la pared y mi padre entra derribando la puerta. Pero dos corpulentos policías irlandeses entran justo detrás de él. Mercedes está en el pasillo mirando, pero no me importa porque me imagino que fue ella quien llamó a la policía.

—*Okay, calm down…* Tranquilo, se acabó todo… —dice uno de los policías mirando a mi padre, pero en realidad mirando a su compañero.

—Ella no puede hacer lo que quiera —dice mi padre dando tumbos y sacudiéndose como un caballo que está tratando de aclarar su cabeza.

—Todo está bajo control —dice el otro policía.

Saco a mi madre del baño.

—Arréstenlo —dice ella—. ¡Miren lo que hizo ese abusador! —añade señalándose la cabeza y los muebles destrozados.

—Señora, nosotros no podemos arrestarlo. No lo vimos cometiendo ningún acto violento. ¿Pero por qué no le pone una orden de restricción…?

¿Qué? No puedo creerlo. Ellos siguen de aquí para allá explicando lo de la orden de restricción, y cómo no pueden arrestarlo porque no lo vieron cometer ningún acto violento, y lo trabajoso que sería presentar cargos, y que por qué todos no nos calmamos, y yo comienzo a temblar y sigo temblando y rompo a llorar, pero no me sale ningún sonido por lo que nadie lo nota. Los policías se llevan a mi padre para afuera, insistiéndole que aclare su cabeza. Y yo creo que curé las heridas de Ma, pero no estoy segura. Solo sé que el tiempo pasa.

Durante los próximos días la familia parece serenarse. Mi padre repara la pata de la mesa. Joe tiene jipidos del asma, Petey llora y Ma nos grita para que vayamos a comer… Todo regresa a la normalidad, excepto yo. No puedo dejar de llorar ni siquiera sentada a la mesa, las lágrimas me ruedan por el rostro, con Ma mirando hacia otra parte y Pa mirándome a la frente hasta que ambos están hartos de mí.

—¿Qué diablo te pasa? —preguntan finalmente.

—¡No puedo! —sollozo—. ¡No puedo seguir aguantando esto!

Mis padres se miran como si estuviera demente.

—¿Aguantando qué? —pregunta mi madre retorciendo los ojos.

¿Escuché bien? ¿Ella no sabe de qué estoy hablando? ¿Está bromeando? ¿Se le olvidó lo que pasó? ¡Los policías! ¡La mesa rota! ¡El chichón en la cabeza! Cristo. Mis labios se mueven mientras intento hablar, pero estoy tan atónita que no me sale ningún sonido. Por otro lado, explotaría con las palabras si supiera qué decirle.

Ella mira a Pa, que parece que también tiene amnesia. Entonces vuelve a voltearse hacia mí.

—Oh, eso. Eso no tiene nada que ver contigo —dice enojada.

Mi padre se rasca la cabeza como si no tuviera ni la menor idea de lo que ninguna de las dos estamos hablando.

Mis padres están confabulados y salen de la cocina llevándose todo el oxígeno con ellos. Me desinflo, pero me vuelvo a inflar.

"Que se vayan al demonio. Voy a huir como hacen los chicos en la televisión. Así van a saber", pienso.

¿Pero a dónde voy a escapar? Ya sé, me iré con mi hermana. Puedo estar segura allí. No, no puedo ir con ella. No sé nada de esto, pero lo siento con la misma certeza con que puedo presentir la resaca en el océano: su relación tirante con mi padre hace que su apartamento no sea un lugar neutral. Me niego a aceptar el hecho de que soy demasiado cobarde para ponerla entre mis padres y yo, así que decido escaparme a casa de mi abuela en El Barrio.

—*Pérate, pérate, pérate* —dice mi abuela motorizada dentro del apartamento.

La sigo hasta la cocina. Usando sus dedos callosos como agarraderas le quita la tapa a la olla del arroz. Cae hacia un lado haciendo ruido. Espero que me pregunte qué hago aquí pero no lo hace, revuelve el arroz, le da una vuelta a la tapa en el aire con los nudillos y se las ingenia para volverla a poner sobre la olla.

Nos sentamos en el comedor. Yo con un aspecto trágico y esperando que me pregunte los detalles de por qué me he aparecido, pero no lo hace. Después de fumar decide mirar si las habichuelas están calientes.

—¡Aaaahhhhh!

Están calientes. Corro mientras ella mete la mano quemada en agua fría. Cuando saca la mano, impulsivamente le beso la parte quemada. Esto la sorprende tanto como me sorprendo yo por mi propia reacción. Retira la mano y me mira con recelo. Esa noche me acuesto con La Boba, cuya serena sonrisa me ayuda a dormir.

Cuando regreso a la cuadra a los pocos días sé que Vanessa lo sabe todo sin ni siquiera decirle. Y no solo eso, hasta se le ocurre un plan.

—¡No te preocupes, que yo puedo lograr que deje de beber! —se ríe.

—¿Cómo? —pregunto.

—Santería…

He escuchado de esta práctica espiritual de hechizar a las personas, y otras cosas del vudú. Bombón siempre deja comida o tragos de whiskey para los espíritus y les da nalgadas a los bebés para protegerlos del mal de ojo, así que vamos a una botánica, medio en serio medio en broma, y miramos las oraciones que están ordenadas en un estante como si fueran tarjetas de felicitaciones.

—Esta que está aquí puede hacer que alguien se enamore de ti —dice Vanessa con una voz inexpresiva—. Esta otra te hará rica y esta te hará famosa.

La tontería de comprar algo para hacerme rica y famosa me hace reír tan fuerte que la dueña, toda vestida de blanco, sale de detrás del mostrador.

—¿Qué es lo que encuentras gracioso? —pregunta.

Vanessa le explica muy seria que queremos una oración para que mi padre deje de beber. La dueña hala un cajón de detrás del mostrador, lo hojea y saca un folleto y una vela.

—Tienen que comprar esta vela también —dice severa.

Compramos todo lo que necesitamos y esperamos a estar afuera para reírnos.

Las oraciones y la vela no funcionan.

Pero nuestro intento me da una idea. Las páginas finales de *True Confessions* están llenas de anuncios de todo tipo. Puedes ordenar "Frownies" para eliminar las arrugas como las estrellas de cine, o pedir vitaminas para dejar de ser una enclenque de noventa y cinco libras, o lo que realmente me llama la atención, comprar píldoras que puedes poner en secreto en las bebidas de tu esposo para que deje de beber. Se lo enseño a Vanessa.

—Vamos a pedirlo todo —dice ella—. ¡Podemos quitarle las arrugas, que aumente de peso y deje de tomar!

—No, solo el remedio antialcohólico —le digo.

Riéndonos y empujándonos como bobas hacemos el pedido. Cuando llega se lo enseñamos a Ma en la cocina.

—¿Qué te parece, Ma? Vamos a probar a echárselo en el café; él siempre toma café.

Preparamos café con leche y azúcar como a él le gusta, le echamos la píldora y esperamos. Aunque dudosa, incluso Ma mira. Todo va bien hasta que la taza comienza a hacer burbujas como si le hubiéramos echado un Alka-Seltzer. Ma huele y regresa a lo que estaba haciendo, y Vanessa y yo reímos hasta que se nos salen las lágrimas.

—Podemos volver a la botánica y pedirle que nos maten un pollo —sugiere Vanessa.

—*AveMaríaPurísima* —dice Ma.

Nos miramos para ver qué hacemos a continuación, y nos acordamos de una broma que tenemos entre nosotras sobre cuál tiene más sangre africana. Una señal segura es tener las encías oscuras. Examinamos la suya primero.

—Ahora las tuyas —dice Vanessa riendo.

Lo hacemos. Después pasamos a examinar nuestros cabellos, nuestra piel, nuestros rasgos, riéndonos tanto sobre un tema prohibido que hace que se espanten los malos pensamientos por un rato.

El viaje a los Catskills ha vuelto a Larry más atrevido. Ya ni siquiera tiene miedo de conversar con un boricua en público, así que no me sorprendo cuando lo veo en una fiesta en la calle Fox con Vanessa. Hay un montón de parejas bailando y tomando cerveza y yo estoy bailando con un chico hispano que se llama Johnny, alto, aindiado, de pelo largo y fino.

De pronto, un tipo vomita cerca de nosotros. Todos gritan del asco, pero la novia del tipo corre a limpiar el vómito, demostrándole a todo el mundo que ella es su mujer y él es su hombre. Cuando termina de limpiar y de ayudar a su hombre a salir, Johnny me hala de regreso a sus brazos y bailamos, mientras con el rabillo del ojo miro a Vanessa y a Larry bailar también. Larry tiene una mano en la parte baja de su espalda y con la otra le manosea los senos mientras ella bosteza en su cara. No les importa que los estemos mirando aunque en realidad no son novios. Me entran deseos de irme de la fiesta.

—Espera, no te vayas —me pide Johnny.

Pero yo quiero irme.

—Te acompaño a tu casa entonces.

Johnny me acompaña a casa cada vez con más frecuencia y se convierte en mi novio porque es lo suficientemente alto como para hacerme sentir linda. Viene a visitarme cuando estoy sola en el apartamento, pero tengo miedo. No porque quiera besarme o tocarme, o quiera que lo toque, sino porque me transformo cada vez que él viene.

¡Me pongo una bata de casa como mi madre y empiezo a lavar! Luego quiero servirle arroz con habichuelas y besarle las manos. ¿De dónde habré sacado la idea de que hacer eso es sexy? ¡Espero haberlo visto en un filme de Sophia Loren y no en mi madre! Pero de donde quiera que haya sido, no me gusta.

Y se pone peor. Comienzo a ir a la iglesia con él porque ese es el lugar al que todas las chicas enamoradas van para estar con sus novios y así poder rozar nuestros senos contra sus brazos accidentalmente-a-propósito por el camino.

—¡Esto se acabó! —le digo un día cuando ya estoy harta.

—¿Por qué? —pregunta estupefacto.

—No creo que nunca en la vida vaya a limpiar tus vómitos —le respondo.

—¿Qué?

—¡Tus vómitos! Que no voy a limpiarlos...

—¿Pero si ni siquiera tengo ganas de vomitar...?

—De todos modos, se acabó.

—¿Qué?

—¡Me oíste, que se terminó!

—¿Pero qué pasa?

—Nada. Que se terminó —respondo.

Y corro como el viento.

CAPÍTULO 8

Choque de mundos

—¡Ay, Dios mío…!

Mi madre llega a casa llorando angustiada.

Me da un vuelco el corazón y busco para ver si mi padre viene persiguiéndola, pero no lo veo, así que es otra cosa.

—¿Qué pasó?

—¡Tu hermana está viviendo con un hombre!

Siento alivio.

—¡Serás idiota, va a salir embarazada y él la va a dejar!

Pienso que es romántico. Mi hermana ha cambiado. Se ha dejado crecer el pelo, viste ropa informal, todo es más relajado en su vida, de alguna forma. Incluso ha dejado su trabajo y su impecable *roommate* con los muebles de madera clara para irse a vivir al Lower East Side como los pobres otra vez. Decido visitarla a ella y a su novio. Las calles por las que camino desde el tren están sucias, con basura por donde quiera y bodegas por docenas. Me recuerda mi viejo vecindario de Third Avenue.

"¿Por qué vive aquí?", me pregunto.

Se graduó de secundaria y tiene un buen trabajo como operadora de una ponchadora de tarjetas para Eastern Airlines. Entro al edificio y hay una chica tratando de llegar a las escaleras antes que yo.

Tiene un bebé en brazos y arrastra a otro de cuatro años con la otra mano.

—¡Avanza, zángano! —le grita al pequeño para que se apure.

El niño lo intenta, pero tropieza, y ella le pega un tortazo en la cabeza. El nene da un horrible alarido que hace que salga la madre de la chica del apartamento en bata de casa y rolos. Puedo ver a través de la puerta entornada a otros niños llorando en sofás viejos decorados con un sucio encaje.

—¿Qué pasa? —grita la madre.

—Toma —dice lanzándole al nene y luego amenaza al pequeño, dándole una nalgada—: ¡Para que tengas motivos para llorar!

Finalmente desaparecen todos dentro del apartamento y los oigo discutir. Me pregunto otra vez, ¿por qué decidió vivir aquí?

Al entrar al apartamento de mi hermana me sorprendo de lo largo que se ha dejado crecer el pelo. Hay un hombre en la puerta.

—Adelante… —Es Bill, su novio, alto y blanco, de Mississippi—. Siéntate.

Me cae bien a primera vista porque habla de manera sencilla y cadenciosa.

—¿Cómo está Ma? —pregunta mi hermana.

—Preocupada… supongo.

—Debería de preocuparse por ella misma…

—*Yeah*… supongo.

Los libros están en libreros improvisados con bloques de concreto, y hay decenas de plantas y carteles, discos y velas de colores que chorrean cera encima de botellas de Chianti, nada que ver con el apartamento que acabo de ver al lado. El sonido de la música clásica lo invade todo mientras mi hermana se sienta y sigue armando un adorno móvil de avioncitos plásticos. Bill mira a su alrededor sin saber qué hacer.

—Voy a buscar cerveza —dice y se marcha.

Hay un gato inmenso descansando en el panel metálico que cubre la bañera que hay en la cocina, y recuerdo a mi madre cocinando a mi padre en una similar hace tiempo.

—¿Cómo andan las cosas? —me pregunta con sigilo esta nueva hermana cuando nos quedamos solas.

—Bien.

—¿Estás segura?

—Sí, claro...

—Qué bien, porque tenía miedo de que estuvieras perdiendo tu espíritu.

—¿Mi espíritu?

—Sí, y también Joe y Petey.

—¿Ellos están perdiendo el espíritu?

—*Yeah*...

Me pregunto si debería cambiarme los cordones de los zapatos.

—Ustedes tienen que cuidarse unos a otros —añade.

No puedo soportar a mis hermanos, pero me da pena decírselo.

—Especialmente Joe, que es el del medio.

Escucho a los niños llorar en el apartamento contiguo.

—Ma no es una santa, sabes. Ella tiene problemas... —dice mi hermana y hace una pausa.

Miro el adorno que Aurea está construyendo y lo bien balanceadas que están todas las piezas.

—Ella vive de esa manera porque quiere, *you know*...

Los avioncitos de plástico son todos iguales pero de diferentes colores y ella se las ha ingeniado para hacerlos rotar en diferentes direcciones.

—Ma se hizo su propia cama y ahora tiene que dormir en ella.

Un solo avión desequilibrado y todo se va al demonio.

—No hay nada que puedas hacer para ayudarla, *you know...*

Le alcanzo el próximo avioncito y me quedo mirando a ver cómo lo va a colgar sin que choquen unos contra otros.

—Coge estos cinco dólares y busca una clase de baile en algún lado.

Agarro los cinco dólares y siento remordimientos. Me da celos que ella también se preocupe por Joe y Petey.

Llegan unos vecinos blancos que tienen unos niños pequeños llamados Dylan y Donovan. Luego pasan otros amigos. Todos son americanos. ¿Serán hippies o beatniks? Fuman y beben cantidad mientras tocan la guitarra y cantan alrededor de la mesa de la cocina.

It's dark as a dungeon way down in the mine.

¿De qué minas habla la canción? ¿Quiénes son los que están muriendo en Appalachia de la enfermedad del pulmón negro? Siguen tomando cerveza.

Tura lura lura
Tura lura lye
Tura lura lura
That's an Irish lullaby.

Qué canciones más tristes cantan. Pero mientras más tristes las canciones más felices los pone la cerveza. De comida tienen sándwiches de jamón ahumado y queso, que me como en medio de la jungla de plantas colgantes de la sala, sentada en un colchón en el suelo, cuidando de no embarrar de mayonesa la colcha india, y escuchando.

—Aquí las mujeres tienen hijos para probar su feminidad no porque los deseen...

—Los negros y los blancos del sur están más cerca unos de los otros. Es decir, cada uno tiene un impacto en la vida del otro. ¡Aquí en el norte, el negro puede que sea más libre pero está totalmente aislado…!

—No puedes comparar a Faulkner con Hemingway…

—¿Y por qué a Baldwin siempre lo dejan fuera de la foto…?

—Los ingleses, por lo menos, introdujeron el concepto del sistema legal en el nuevo mundo. En Sudamérica, los españoles la única herencia que dejaron fue el machismo, la beligerancia y una religión idiota.

—Pon algo de Miles, por favor…

Me pregunto de qué hablan. ¿Quién es Faulkner…? ¿Y Baldwin…? ¿Y todos los demás? ¿Qué tipo de conversación es esta en la que no se discute sobre nada? No hay vencedores ni perdedores, solo intercambios. Quisiera saber qué piensa Vanessa de todo esto y me muero por las ganas de traerla.

—Deja que lo veas, Vanessa. Es un apartamento barato. Estoy segura de que podemos pagar uno cuando nos graduemos de la secundaria. Voy a ser secretaria y tú serás algo también —le digo cuando estamos en el tren—. Deja que lo veas. Podemos decorarlo con libros y plantas…

Nos bajamos en la estación y nos dirigimos al este. Vanessa recoge un cabo de cigarrillo de la acera y se lo fuma. En la casa de mi hermana se queda de pie inexpresiva.

—¡Mira este libro! ¡Mira este macramé! ¡Mira esto otro…!

—¿Nos podemos ir pronto? —me pregunta.

—¡Pero escucha esta africana que canta haciendo ruidos con la lengua…!

Pero Vanessa está aburrida y su silencio es una señal de que quiere marcharse. En el tren me siento atrapada y congelada entre dos lugares, dos mundos, dos maneras de ver las cosas.

—Ven conmigo, hagamos un vestido para mañana —me dice Vanessa cuando llegamos al edificio.

—Más tarde —le digo, y decido seguir sola hasta mi ala del edificio.

En el apartamento Joe está con asma en la cama y Ma me pide que me siente con él en la ventana. Mi padre llega a casa, ve lo que está pasando y trata de ayudar.

—¡Mal rayo te parta! —le grita a Dios sacudiendo las manos con los puños cerrados.

Joe se altera aún más y suma un gemido a su orquesta de sonidos.

—Cálmate —le advierte Ma nerviosa, y no sé si está tratando de apaciguar a Joe o a mi padre.

El pecho de Joe se arquea mientras su estómago se desinfla hasta casi pegársele a la columna. Le cuento las costillas. Mis padres discuten en la sala. Cierro la puerta de la habitación para que mi hermano pueda hacer sus ruidos en paz. Finalmente, mi iracundo padre y mi suplicante madre llevan a Joe al Hospital Lincoln. Cuando regresan, es mi madre la que está furiosa, exasperada por la lista de comidas que Joe debe evitar.

—Mantequilla de maní —grita mi madre—. Habrase visto. ¿Qué puertorriqueño come mantequilla de maní?

Los escucho hablar durante la noche, y al día siguiente y al otro. Deduzco por algunas insinuaciones y frases sueltas que alguien se va de viaje. ¿Quién? Joe. Lo van a mandar a Puerto Rico.

—¿Por cuánto tiempo? —pregunto.

—Hasta que se mejore —me asegura enfática mi madre—. Si se queda aquí, se muere.

Hasta el momento, la existencia de Puerto Rico había sido como un ruido de fondo, en su mayor parte un lugar horrible de necesidades y tristeza que inspira bellas canciones, pero de repente pasa a un primer plano y va a salvar la vida de Joe.

—¿Con quién va a vivir? —pregunto.

—Con mi padre...

No puedo creerlo.

—¿Lo vas a enviar a vivir con tu padre? Pensaba que era un maldito sinvergüenza.

—No solo con mi padre, con mi padre y su esposa, que es muy agradable. Sabes una cosa, cuando tenía tu edad fui a verlos y quería lucir bien, así que me hice una falda con un plisado en la parte de atrás. Antes de que pudiera decir siquiera 'hola', mi padre me dio una nalgada tan grande por ponerme esa falda que me caí del portal.

—¿Y dónde está la parte *agradable*?

—Déjame terminar. Su esposa estaba delante y le reclamó: "Dionisio, no deberías haber hecho eso".

—¿Y ya eso la convierte en buena?

—Olvídalo —dice Ma chasqueando la lengua.

Acto seguido viste a Joe con un trajecito y lo manda a ese otro mundo del que siempre he oído tanto, Puerto Rico.

CAPÍTULO 9

Excitación

—¡Sal del baño! —me grita Ma.

Pero no puedo salir. Soy tan bella y sexy que no me puedo despegar del espejo. Incluso he llegado a amar mis pechos suaves y sinuosos porque hacen con su talla que mi cintura luzca diminuta.

—*Wait a second.* Casi termino —grito antes de respirar profundo, cerrar la boca y aplicarme suficiente spray de pelo como para asfixiar a una cabra.

—*Come on…!*

Me doy una última rociada y abro la puerta. Ma casi me tumba.

—Qué demonios… —dice sacudiendo los brazos para disipar la niebla del spray—. *AveMaríaPurísima,* ¡te vas a quedar ciega!

—Ma, ¿tú crees que debería cortarme el pelo?

—¿Qué?

—Cortarme el pelo…

—¿El pelo? ¿Tú estabas mirándote el pelo todo este tiempo, muchacha? ¡Tenemos que irnos! ¿Estás loca? ¡No puedo creer que te hayas estado peinando todo este tiempo! Tu padre no puede prender el carro, ¿sabes?

—¿Y a mí qué me importa? —murmuro entre dientes.

—Mira… —me advierte, pero antes de que pueda continuar aparece mi padre en la puerta con tres sudaderas puestas.

La vista se le pierde a través de mí y me extraña que no tenga puesto un abrigo. Los suéteres le quedan cortos de mangas y se le suben, estirándose alrededor de la barriga.

—Nos quedamos sin batería… Necesito que otro carro me dé carga.

Empiezan a discutir y me miro en el espejo para asegurarme de mi existencia antes de seguir detrás de ellos, dando tropezones por la puerta, hasta meternos al carro, mientras mi padre trastea debajo del bonete de nuestro cacharro y del de la carcacha que vino a ayudarnos. Sentada en la parte trasera, me quedo mirando la parte de atrás de la cabeza de mi padre, sus prominentes orejas, y recuerdo cómo solía moverlas para hacerme reír cuando era pequeña y cómo yo le rascaba su kilométrica espalda. Ahora las líneas de su cuello son profundas y ondulan entre sus arrebatos de furia y desconcierto por su carro averiado. Sus sudaderas están rotas y raídas en el cuello. No lleva guantes a pesar de que hace frío afuera y sus manos desnudas lucen demasiado toscas para agarrar el timón. No sé cómo se las arregla para tocar la guitarra. Esos pensamientos me persiguen durante todo el día en la escuela y, esa noche, desesperada por aliviarme del persistente deseo de entender a mi padre, le pido que me enseñe a tocar guitarra.

—¿Qué? —responde sorprendido.

—Quiero aprender a tocar.

Me mira como si estuviera hablando en otro idioma. Luego sus ojos se enfocan.

—¿Tú?

—Sí. Quiero aprender a tocar.

Me enseña con torpeza tres acordes. Empiezo a practicar e incluso compro el cancionero de Joan Baez, pero en realidad no quiero tocar sus canciones, ni las canciones que cantan mi hermana y sus amigos sobre mineros que mueren de enfermedades en los pulmones, o amantes llamados Mattie Grove decapitados por los reyes de Escocia por acostarse con las reinas escocesas. Quiero tocar aguinaldos puertorriqueños. Nosotros tenemos también canciones sobre obreros hambrientos y crímenes pasionales. Practico tocando y cantando cuatro líneas de un aguinaldo sobre gente que se aparece en las fiestas navideñas ajenas sin que los inviten, hasta que se me hacen callos en las puntas de los dedos parecidos a los de mi padre. Cuando pienso que toco bastante bien como para tener espectadores espero a que Pa llegue a casa de buen humor y me siento en la sala a tocar y a cantar.

En esta parranda
Venimos cantando…

—Dame acá esa guitarra —dice quitándomela de las manos—. Ni siquiera está afinada.

La afina y comienza a tocar y a cantar. Espero, pero cuando va por la segunda estrofa de la canción ya se ha olvidado de que existo, y voy hasta la ventana queriendo saltar fuera de mi piel, molesta por esperanzas y deseos que estaría dispuesta a perseguir en unos segundos porque no tengo miedo, pero es imposible perseguir algo que por el momento no puedo definir, ¿no es cierto? Miro afuera y arriba, esperando que esté Larry, pero él ya apenas se asoma a la ventana.

—¡Ven a comer! —grita Ma.

—No quiero. No tengo hambre —le grito.

Viene al cuarto.

—Problemas de la adolescencia —dice con aire de suficiencia—. *AveMaríaPurísima* —añade, y se va.

Y esto me enloquece de la furia. ¿Quién se cree que es para usar esa cháchara sicológica cuando es ella la que esconde los cuchillos en el horno los viernes al anochecer cada vez que Pa se demora?

Pasan los meses lentamente y un día en la escuela estoy tan molesta por una melodía que no me puedo sacar de la cabeza, que me pongo a pintarme las uñas.

—¿Cuántos de ustedes van a la Feria Mundial? —nos pregunta la maestra cuando yo furtivamente me aplico la primera capa de esmalte—. No es lejos, en Queens, todos deberían pedirles a sus padres que los lleven.

Lisa y yo nos miramos.

—Qué gran idea. ¿Por qué no les pedimos que nos lleven a la Luna de paso? —susurro.

Reímos mientras me pongo la última capa de esmalte y camino por el salón para que se seque la pintura. La melodía de *El lago de los cisnes* que escuché el fin de semana en casa de mi hermana me está volviendo loca, y sin darme cuenta se me escapa:

—Ey, profe, ¿quién escribió *El lago de los cisnes*? ¿Chaikovski o Toscanini?

—¿Quién?

—¿Chaikovski o Toscanini?

—¿Y tú cómo sabes eso?

—No sé. Por eso es que le estoy preguntando.

—Fue Chaikovski. Toscanini está vivo. Es un director y compositor.

—Oh…

—Ahora dime, ¿y tú cómo sabes eso?

—Mi hermana me lo contó.

El maestro está asombrado.

—Ven para que me ayudes a desempacar el papel.

Comienzo a ayudarlo todos los días, y no me importa porque así me entretengo y él está tan fascinado que responde a todas mis preguntas.

Quiero que me cuente de *Hamlet*. Aurea me puso un disco la semana anterior y todo lo que puedo recordar es lo conmovedor que me pareció, aunque el actor tenía la voz más nasal que he escuchado en mi vida.

—Ese que estabas escuchando es Richard Burton.

—Sí, eso sí lo sé, pero no estoy segura de haber entendido de qué trataba.

El profe me cuenta que Hamlet no sabe qué hacer con sus sospechas de que su tío ha matado a su padre para casarse con su madre.

—Shakespeare debe de haber sido mitad boricua para que se le ocurriera esa historia.

Al día siguiente lo ayudo un poco más.

—¿Quieres saber una cosa? —dice de la nada.

—¿Qué cosa?

—De todos los chicos que hay aquí, tú vas a ser una de las pocas que no va a terminar embarazada o metida en drogas.

De repente me enojo. ¿Con qué derecho está opinando sobre mí? ¿Cómo puede él saber lo que voy a hacer? Lo dejo desempacando sus malditas cosas y regreso al salón con Lisa y Dolores a ponerme delineador y conversar sobre lo mucho que odiamos a los Beatles.

—Qué canción más estúpida es esa… *I Want to Hold Your Hand* —dice Dolores.

—*Yeah*, los chicos que yo conozco quieren agarrar algo más —se desternilla Lisa.

Nos reímos todas.

—Van a estar en la televisión el domingo…

—¿Quiénes?

—¡Los Beatles!

—Olvídate de ellos —digo. Hay algo que me tiene ansiosa pero no sé qué, y añado—: pensemos en la manera de ir a la Feria Mundial.

Pero mis amigas no me hacen caso.

Me estoy poniendo los rolos mientras veo *The Ed Sullivan Show*, pensando que puedo soportar a los Beatles sin levantarme hasta que le toque actuar a los acróbatas. Pero los Beatles no actúan sino que explotan en la pantalla con una brillante frescura y promesas de posibilidades y nuevas cosas por venir. Poco falta para que me pinche con una hebilla en los ojos. Inmediatamente después de que cantan "I Want to Hold Your Hand" suena el teléfono. Es Lisa.

—*Oh my God, Sonia!*

—¡Ya sé…!

—Estuvieron…

—Increíbles, ya sé.

Me tiemblan las manos de la emoción. De repente es absolutamente necesario que vayamos a la Feria Mundial.

—Lisa, vamos a la Feria Mundial.

La siento dudar del otro lado de la línea.

—¿Cuándo?

—¡Mañana! Tenemos que ir mañana.

Trato de no cambiar el tono de la voz, pero inexplicablemente las lágrimas amenazan con traicionarme.

Responde lentamente, pero es todo lo que deseo oír.

—*Okay…*

—Nos escapamos de la escuela, que ni lo van a notar.

—*Okay*, nos vemos en el metro…

Doce horas más tarde estamos en el tren. Si pudiéramos encontrar dónde está Queens. Vamos hacia los suburbios, y luego hacia el centro hasta la calle 42, pero estamos confundidas de que haya dos calles 42, una este y otra oeste. Horas después llegamos finalmente a la Feria Mundial tan hambrientas que compartimos un pretzel, que es todo lo que podemos comprar.

—Mira, ahí hay una lista de todas las exhibiciones gratuitas —digo.

Desafortunadamente, las exhibiciones gratuitas son las peores. Pero no importa. Deambulamos por la feria y antes de que nos demos cuenta es la una y cuarenta y cinco y tenemos que estar de regreso a las tres.

—¡Oh, no! ¡Tenemos que irnos! —digo.

Dentro de la estación del tren es que comienza nuestra odisea, yendo de un lado a otro, en primer lugar porque no recordamos cómo llegamos a la Feria, y también nos perdemos al regresar. Finalmente, después de horas y horas de dar tumbos, tropezamos con una estación de tren que nos parece familiar.

—¡Es esta! —grita Lisa.

Paradas en la estación nos miramos triunfantes. ¡No encontramos las palabras, pero nos sentimos complacidas porque lo logramos!

—*Oh my God, Sonia!*

—*I know…!*

—¡Lo logramos!

—No puedo creerlo.

De repente, cantamos al unísono: "*Summer's here and the time is right for dancin' in the street…*". Es tan divertido que hayamos comenzado a tararear justo al mismo tiempo, que juntamos las mejillas, chocamos las manos y salimos corriendo de la estación, encantadas de haber vivido esa aventura juntas.

CAPÍTULO 10

Abajo Puerto Rico

A juzgar por el aspecto de Joe cuando regresa de Puerto Rico unos meses después, mis padres tomaron la decisión correcta mandándolo allá.

—¡Ey, Joe! —lo saludo.

Sonríe.

—Ay, gracias a Dios… —dice mi madre, ayudándolo a quitarse su trajecito—. Voy a hacer café —añade enseguida metiéndose a la cocina.

Pa no dice nada pero creo que está contento porque la sigue.

Joe respira profundo, y vuelve a agarrar otra bocanada de aire. Le sonrío pero no me devuelve la sonrisa. Su próxima respiración es un poco más rápida.

—Vamos al cuarto —le digo.

En lo que llegamos, su respiración comienza a ser supersónica.

—¿Joe?

No dice nada pero comienza a jadear. ¡No puedo creer que tenga un ataque de asma! Está más repuesto. Luce tan bien. ¿Pero por qué sigue enfermo? Miro a la esquina de la cama, a la pared, agarro una revista, la vuelvo a dejar. Trato de no escuchar. Me pregunto qué estará haciendo Larry arriba, pero sin darme cuenta me descubro sentada en la ventana con Joe como en los viejos tiempos. Él trata de absorber el aire y es como si nunca hubiera salido de la ciudad. Ma lo escucha y viene con los ojos desorbitados.

—Esta es la cruz que me tocó cargar —se lamenta.

—¡Mal rayo te parta! —grita mi padre.

Pero nos deja solos por un instante.

—Joe —le pregunto cautelosa—, ¿quieres regresar a Puerto Rico? ¿Te gustaba más estar allá? Tú no te enfermaste en todo ese tiempo. Quizás es mejor que regreses. Ellos te mandarán… si tú quieres regresar, claro… Lucías tan bien en las fotografías… siempre de traje… siempre sonriente…

De pronto mis palabras son cortadas en seco de la misma manera teatral en que un ciego que finalmente acepta a Dios se arranca las gafas y grita: "¡Puedo ver! ¡Puedo ver!", o que un inválido se arrastra al altar y lanza sus muletas en un estado total de epifanía gritando: "¡Puedo caminar! ¡Puedo caminar!", cuando el ataque de mi hermano se desvanece en un leve jadeo.

Pero no hemos terminado con Puerto Rico. Yo misma me veo enturbiada por horribles imágenes de la isla cuando Ma me anuncia que ella y yo vamos de visita. "¡Abajo Puerto Rico! ¡Venganza contra la isla! ¡Que se jodan!" son mis gritos de batalla internos mientras juro evitar y rechazar el lugar en el que nunca he estado, donde los niños se ahogan en las aguas albañales, el lugar de las madres muertas, los padres negligentes, de la hambruna y la pobreza, ¡donde los hombres machistas lanzan cocos a la cabeza de sus esposas por diversión! Conozco todos los horrores que ni siquiera las bellas canciones sobre la isla pueden ocultar y no me voy a dejar engañar.

Hasta a mi abuelo lo voy a desenmascarar por lo rata que es. Una sola mirada mía y va a saber que conmigo no se juega, y que yo sé que él pateó a Ma escaleras abajo por ponerse una falda bonita y que engañaba a mi abuela Encarnación Falcón, esa santa, y que abandonó a sus hijos tan pronto como ella murió.

¿Quiénes se pensaban ellos que eran, haciendo trabajar a Ma como una esclava para poder comer? Lo sé todo sobre esas mangostas entre las que ella tenía que caminar y el terror de ser emparedada y la orina que le hicieron tomar.

Por supuesto que mi madre prefirió irse a Manhattan por encima de esa isla estúpida, y yo voy a sacar mi diploma de secundaria para demostrarle que hizo lo correcto. Quizás ellos podían abusar de una huerfanita como ella, pero no de mí que nací en Estados Unidos. Ya les voy a enseñar yo a esa gente.

Vanessa me arma con un vestido de tubo blanco y me recojo el pelo en un moño francés para ir al encuentro de mi enemigo. Aterrizamos en San Juan y bajo lista para pelear, pero el aire puertorriqueño me tiende una emboscada. Me hace pararme en seco mientras me recorre el cuerpo disfrazado de "brisa". ¿Cómo iba a saber que era suave, dulce, perfumado, encantador, erótico, caliente, y que me sentiría feliz por el solo hecho de sudar? De todas formas estoy decidida a plantarles cara. Rafa, un hermanastro de Ma, nos recoge en el aeropuerto.

—¿Y qué, Isa? ¿Cómo están las cosas? —pregunta.

—Ya ves, todavía luchando —responde Ma.

Pregunta por mi padre.

—¿Y Manzano?

—Como siempre.

Escucho. ¿Qué significa que mi padre está "como siempre"? ¿Qué saben ellos de mi padre? ¿Será la forma en que mi padre actúa natural para un puertorriqueño?

Las flores de hibisco que crecen por todas partes, hasta en las cercas de malla que bordean la carretera, sabotean aún más mi determinación de "avergonzarlos". Me siento rendida hasta casi desistir por los flamboyanes con sus provocadoras flores rosadas que me recuerdan mis pezones de quinceañera, y por los mangos y otras frutas que no puedo identificar, que tienen el aspecto de las partes íntimas, y luego por los gigantescos filodendros que me saludan al pasar. ¡Cristo, ni siquiera puedo pensar! Estoy mareada, borracha de una sobredosis de estímulos sensoriales y trato de recuperarme escuchando la conversación de Ma y Rafa, pero la próxima pregunta va dirigida a mí.

—¿Y qué, Sonia?

Respondo en español y una vez más me sorprendo de cuánto español sé.

—Muy bien.

—Qué bueno finalmente conocerte.

—¿Puerto Rico tiene lugares bonitos como Coney Island? —pregunto maliciosa.

—No creo..

—¿Sabías que millones de personas van a Coney Island el fin de semana del 4 de julio?

—No, no lo sabía —responde sonriendo.

—Y no solo eso, puedes comprar un perro caliente Sabrett casi en cualquier parte.

—No me digas…

—Y *chocolate egg cream*. ¿Aquí en Puerto Rico hay eso?

Pero entonces olvido de qué estaba alardeando porque al doblar en un recodo entramos en una carretera paralela a la playa y las aguas turquesas y azules del mar Caribe me dejan alelada. El resto del trayecto me pregunto cómo es posible que me hayan dicho que Adán y Eva fueron expulsados del paraíso, y que este dejó de existir. Pues no, el paraíso está delante de mí.

Finalmente Rafa señala la casa de mi abuelo en una calle amplia y sombreada mientras estacionamos a cierta distancia. La cálida luz solar crea estampados de encaje en el suelo arenoso al atravesar la tupida vegetación, recordándome los dibujos de la luz a través de los rieles del tren elevado de Third Avenue.

Mientras nos acercamos a la casa, los vecinos se acercan a saludarnos y estoy sorprendida de que sus pieles sean realmente canela, trigueña, negrita, justo como dicen las canciones. La gente tiene la piel color caramelo con ojos claros y pelo negro largo y ondulado, piel color chocolate con pelo rubio rizado y ojos negros o verde oliva almendrados. ¿Será el sol? ¿No lucimos así en Nueva York porque nuestras pieles se vuelven de un gris monótono con el frío?

Finalmente estoy cara a cara con el primer verdugo de Ma.

Mi abuelo podría interpretar a Picasso de viejo en una película. Bajito, calvo, fornido, de pecho prominente, en *shorts* tipo bermuda, camiseta blanca y sandalias de caucho. Luce como si se hubiera desteñido y bronceado por el sol tantas veces que hubiera perdido su color original. Tiene algunas manchas, pero no podría decir si es un hombre de tez oscura con manchas claras o viceversa. Intento mirarlo a la cara mientras Ma me engatusa para que lo abrace. No vi que él la abrazara. Apenas le dio unas palmaditas impersonales. Nuestro abrazo es como un choque accidental entre desconocidos.

Luce totalmente reservado, solitario, como una roca en medio de un río, las cosas parecen flotar a su alrededor.

—Hola, Sonia.

—Hola.

—¿Qué tal?

—Bien, bien.

Luego se dirige a Ma.

—Hola, Isa.

—Hola.

—¿Qué tal?

—Bien, bien.

Después de varios días me doy cuenta de que nunca cede el paso a otros ni tiene un gesto de amabilidad. Puedes estar o no, que él nunca lo nota. Responde cuando alguien le habla pero nunca da ninguna información ni hace preguntas. Eres libre de quedarte o irte, según se te antoje. Duerme en su propia habitación, en una cama camera que está arrinconada contra la pared debajo de una ventana.

—Mira como hace su cama —me susurra Ma.

Ma lo mira fascinada hacer su cama y yo la acompaño. Todas las mañanas mi abuelo estira las sábanas y una colcha ligera con la punta del bastón, antes de recoger el mosquitero.

Ma y Dionisio no hablan mucho, ni siquiera sobre la visita de restablecimiento de Joe. La esposa de mi abuelo y sus hijas llenan rápidamente con una cháchara insulsa los espacios vacíos que deja mi abuelo con su actitud, y pronto Rafa, el hermanastro de Ma, pasa dos o tres días después e insiste que nos quedemos con él y su esposa en Bayamón. Nos despedimos de Dionisio.

—Adiós, Sonia.

—Adiós.

—Hasta luego.

—Sí.

Luego a mi madre.

—Adiós, Isa.

—Adiós.

—Hasta luego.

—Sí.

La esposa de Rafa administra un taller de costura que hace ropa bella y sexy "diseñada para la mujer latina", según dice. Tiene los ojos verdes y la piel acaramelada y unas veces su cabello es ondulado y otras lacio.

—¿Cómo haces para estirártelo? —le pregunto.

Me hace un gesto hacia la tabla de planchar en la sala de costura.

—Ven y arrodíllate en frente de la tabla de planchar.

Lo hago y ella me afloja el cabello y agarra unas hebras.

—¿Qué estás haciendo?

—Quédate quieta…

¡Pone el cabello sobre la tabla y lo plancha! Y después de veinte minutos de contorsiones me deja la cabeza con el pelo liso y recto como un palo. Después hablamos de nuestros programas favoritos de televisión, incluso episodios específicos que hemos visto ambas, y empiezo a sentir que Puerto Rico no está tan atrasado como pensaba.

Cuando vamos al campo a visitar a Cristina, la hermana mayor de Ma, Puerto Rico tiene un retroceso en el tiempo y me llevo una idea de lo que siempre habla Ma. Cristina está cocinando en una estufa de carbón en un cobertizo en la parte de atrás de su casa, con la cara y las manos cubiertas de hollín.

—No me abraces —le dice a Ma—. ¡O vas a terminar como yo!

Ma no le hace caso y puedo ver la mezcla de dolor y placer en su cara mientras ella la abraza de todos modos. Se apretujan, luego dan un paso atrás el tiempo suficiente para examinarse antes de volver a abrazarse.

—¡Tanto tiempo…!

Miro a Cristina y la ubico en las historias que mi madre me ha contado. Mi tía es regordeta y lleva una bata de casa ancha y sandalias de caucho como las de mi abuelo. Tiene el pelo ligeramente gris, recogido en un moño alto y voluminoso. Sus manos son gruesas con las uñas sucias. Mi madre me presenta.

—Mi hija, Sonia…

Mi tía me abraza y la miro a la cara, tan similar a la de mi madre, excepto que mientras los ojos de mi madre son impacientes, los de mi tía son calmados y serenos, con una dulzura en su mirada que me abruma y que cubre a mi madre de alegría, como si la hubiera visto por última vez ayer o hace un siglo. Entramos y veo que la sala está adornada por sus nietos. Nenes pequeños con los pañales colgándoles gatean por el suelo de madera lleno de huecos. Más tarde, en la quietud de las montañas, mi madre hala aparte al que ha sido esposo de Cristina por más de treinta años.

—Ustedes deben tapar esos huecos en el piso de la casa. Ya no hay razón para vivir de esa forma. Piensen en los niños —le aconseja.

—Pero ya los niños saben dónde están los huecos —responde él seriamente.

Es en esta parte montañosa del interior del país que Puerto Rico me llega al corazón. Un mágico rocío flota alrededor de toda la vegetación, reverdeciendo las hojas de plátano y enrojeciendo aún más la misteriosa tierra roja, y el canto de los gallos en las mañanas es cómicamente extraño e impresionante. Hasta mi madre me luce diferente.

—Cuando vivía con Mama Santa, mi abuela, solíamos levantarnos en la mañana a recoger hierbas para los remedios —me cuenta Ma—. Y luego molíamos café juntas. Ella siempre llevaba un pañuelo en la cabeza y usaba collares y brazaletes que tintineaban en sus brazos, con un sonido que yo adoraba…

En mi imaginación, mi madre es una dulce niña descalza con la tierra roja metiéndosele entre los dedos y lleva puesto un vestido andrajoso.

Hago un inventario de todos los hermanos de mi madre: el tío Eddie, que sufrió tanto en la isla que juró que no regresaría; el tío Frank, que salió detrás de Ma para Nueva York; Cristina, que sigue en la isla. Nos queda uno por visitar, Félix, el del cuento de que a mi madre la obligaron a tomarse sus orines. Me quedo impresionada por la manera en que luce. Alto, con facciones cinceladas y hermosas. Ha estado con la misma mujer, Minerva, desde que eran niños de catorce años y vendían comida frita en un puesto ambulante para poder llegar a fin de mes.

Abrazó a Ma y me miró a mí por encima del hombro de ella y ambos nos reímos. Su esposa es bastante morena y tienen tres hijos, y él hace cualquier cosa con tal de que se rían. También le encanta bromear con su mujer.

—¡Esos plátanos que cocinaste parece que los aplastó un camión!

Pero él y yo no necesitamos una broma ni un chiste para reírnos. Lo hacemos sin ningún motivo, conversando en inglés chapurreado y español.

Cuando llega finalmente la hora de regresar a Nueva York, nos detenemos en el camino al aeropuerto, donde tío Félix ve a un vendedor de la carretera vendiendo cocos. Le rebana el tope a uno con un machete de aspecto intimidante, le inserta una pajilla y me lo da. Estoy decepcionada con el sabor débil y aguado, no es como el sabor de la leche de coco enlatada de Coco López que había imaginado.

Me voy de Puerto Rico anhelándolo con el dolor fantasma de un amputado que todavía siente el brazo cortado.

CAPÍTULO 11

Mi vida dramática

El nuevo maestro de actuación quiere preparar un mural para mostrar las cosas maravillosas de teatro que nos va a enseñar.

—El título de nuestro mural será 'El drama es lo cotidiano'.

—¿Por qué no le ponemos 'El drama es vivir'? —sugiero.

—Sí —asiente—. Ese título es mucho mejor. El mío es más rebuscado, ¿verdad?

—Sí.

Me sorprende que me hable sin un tono autoritario en su voz, y a la mañana siguiente decido vestirme más como adulta. Me recojo el pelo en un moño francés y plancho una blusa blanca para combinarla con un *jumper* negro.

—¿Quién quiere ayudar con el mural? —pregunta el maestro.

Levanto la mano de inmediato.

—*Okay*, recorta estas letras para escribir 'El drama es lo cotidiano'.

Pensé que le había gustado mi idea de "El drama es vivir" y me pregunto qué le habrá hecho cambiar de opinión. Quizás mi idea no era *tan* buena después de todo. Pero hice que se fijara en mí por un segundo. Quizás puedo lograr que se fije en mí de nuevo. ¿Cómo puedo lograrlo? Decido usar suéteres ajustados. ¡Nos pone la grabación de la obra *Oliver* en Broadway! Y nos pide que escuchemos la letra de la canción.

Increíblemente, es una canción de amor sobre una mujer que es maltratada por su amante que es, además, un cruel ladrón (por lo menos mi padre no es un delincuente).

Aunque suene raro, el maestro adora esta canción. ¿Qué le pasa? ¿Qué puede haber de bueno en aferrarse a un hombre que te golpea? ¿Por qué a la gente le resulta entretenido? Nos anuncia que vamos a preparar una producción de algunas de las canciones.

—¿Podrías escribir una par de escenas para esa canción? —me pregunta.

¿Yo? ¿Y por qué yo? ¿Sería el efecto del suéter ceñido? Escribo una escena en la que Oliver Twist habla de la muerte de su madre:

Oliver: Ella se fue… (Oliver alza la vista al cielo) ya sabes.

—Hmmm… —dice el maestro después de leer lo que he escrito en voz alta, ridiculizándolo con una vocecita fingida, y añade—: ¿No te parece un poco cursi?

"Vete al infierno —pienso—. ¡No he hecho esto antes! Pero no voy a cambiarlo".

Meses después, el maestro de teatro me dice que debería presentarme a la audición de la Escuela Preparatoria de Artes Escénicas.

—¿Y eso qué es? —le pregunto.

—Una escuela especial en Manhattan que es parte del sistema escolar de la ciudad de Nueva York. Es para artistas… músicos, bailarines, actores. Podrías presentarte a la audición de actuación.

—¿Qué es una audición?

—Como una prueba, y si a ellos les gusta te admiten en la escuela.

—No sé si mis padres me dejarán.

—Puedo ir a preguntarles.

—¿Cómo?

—¿A qué hora terminan de cenar?

—A las siete y media.

—Entonces estaré en tu casa a las ocho.

Y ahí está. Puntual. Entra y les explica a mis padres todo sobre la Escuela Preparatoria de Artes Escénicas. Mi padre escucha con una expresión glacial. Ma escucha insegura y, rápidamente, está de acuerdo en que puedo matricularme en la escuela si me aceptan. Me doy cuenta de que están incómodos de tener un maestro sentado en la sala y quieren salir de él lo antes posible, pero yo me siento incómoda de que hayan aceptado con tanta rapidez. Ellos no lo conocen bien.

Para prepararme para la audición practicamos un monólogo sobre una mujer cuyo marido fue asesinado por los nazis.

—Mira, cuando dices 'y ellos le dispararon', quiero que realmente lo sientas.

—¿De qué forma?

—Así —responde haciendo una mueca con la cara que termina crispando el labio superior.

Hago una mueca, subo el labio y prácticamente doy un alarido cuando digo "lo sacaron a la fuerza y le dispararon".

—Eso estuvo genial, genial —dice—, pero tus manos…

—¿Mis manos?

—Cierra los puños. Como si quisieras pegarle a alguien.

Lo hago.

Planeo mi viaje a la audición cuidadosamente para no perderme, y ese día salgo con tiempo de sobra. Subiendo a la calle desde la oscuridad del tren subterráneo hacia la soleada calle 42 absorbo la energía y la determinación por todas partes y quiero llenarme de ellas. La gente no camina sino que pisa con firmeza, marcha, da zancadas hacia donde quiere ir. A la altura de la calle 46 una estatua me llama la atención y observo que es George M. Cohan, y recuerdo cuánto me gusta *Yankee Doodle Dandy*, la película sobre su vida interpretada por James Cagney.

Cagney era tan duro que podía bailar tap y no parecer un tonto. Recito frases de la película en mi cabeza: "¡Mi padre les da las gracias, mi madre les da las gracias, mi hermana les da las gracias y yo les doy las gracias!". No me importa que el hombre real y el actor estén mezclados en mi mente; me alegra estar parada en un lugar donde algo grande está sucediendo.

Sigo caminando en dirección *uptown*. Advierto que muchas tiendas tienen carteles de VENTA DE LIQUIDACIÓN POR CIERRE pegados en las vidrieras y me llama la atención una que vende "encajes escoceses auténticos". Creo que debería comprarle a Ma un bonito mantel bordado barato antes de que cierren la tienda. Sigo andando y veo una foto de una actriz afuera de un teatro que sé que no es una sala de cine. Tiene en el hombro un tatuaje de un corazón, lleva el pelo corto y tiene un rostro bello de rasgos fuertes. ¿Existirá realmente? ¿Estará en el teatro bailando todas las noches como James Cagney en *Yankee Doodle Dandy*?

Justo al lado del teatro hay un *nightclub*, creo, no estoy segura porque las vidrieras están pintadas de negro. Un hombre de camisa estampada ceñida y con cadenas de oro sale y empieza a repartir volantes de chicas atractivas, e invita a todos a entrar y hasta a tomarse un trago gratis. Por el reloj en uno de los altos edificios sé que tengo tiempo para pasear un poco más, y así llego frente a Manny's Music y me quedo mirando las congas y maracas, imaginando si Tito Puente habrá comprado sus timbales aquí. ¡Allí mismo, justo frente a mí, podría haber caminado! De repente me encuentro en un mundo diferente, lleno de judíos. ¡No es el mundo de los *knishes*, en el Lower East Side, sino uno de diamantes y joyas! Una vidriera tras otra llenas de adornos brillantes.

Hay muchísimas cosas por todas partes: manteles bordados en liquidación, congas y maracas en Manny's Music, y ahora diamantes. Hay tantas cosas que me siento tentada de seguir mirando un poco más cuando me doy cuenta de que es hora de la audición. Tengo que correr. No estoy segura de por dónde estoy, ¡pero de pronto me encuentro enfrente de la escuela! Aquí los barrios pueden tener la extensión de una sola cuadra, por lo que puedes pasar de un mundo a otro en segundos.

La Escuela Preparatoria de Artes Escénicas tiene la fachada de piedra y una puerta roja inmensa en forma de arco. En el interior huele a sopa de minestrone. Los monitores me ayudan a encontrar el salón de audiciones al final de un oscuro pasillo con piso de linóleo y revestimiento verde hospital. Me recuerda la parte vieja de la Escuela Pública 4 cuando vivía en Third Avenue. Hay otros chicos blancos y negros, pero ningún puertorriqueño, que yo pueda distinguir al menos. Todos parecen nerviosos y algunos están hasta con sus madres. Nos miramos unos a los otros, pero en lo único que puedo pensar es en el cartel de LIQUIDACIÓN POR CIERRE, y en cómo, si quiero comprarle unas servilletas bonitas a Ma, debo apurarme. ¿Cerrarán la tienda antes de que termine la audición?

Me siento y espero pensando en qué fantástico barrio, o montón de barrios, es este, y en cómo nunca voy a aburrirme si vengo a esta escuela.

Una chica sale de la audición. Su madre la mira expectante. Se reúnen y susurran ansiosas, y las escucho decir que van a buscar algo de comer y conversar. La chica parece que se va a desmayar mientras su madre la agarra de la mano y le pasa una servilleta por la frente. Qué miedosa. No hay nada que temer. Que te tumben la puerta a golpes en la noche y entre tu padre con los ojos inyectados de sangre. Eso sí da miedo, no esto.

Cuando me toca el turno pienso en el consejo que da mi madre si algo se pone difícil: "Cierra los ojos y sigue adelante". Entro en un salón de clases normal con los pupitres arrinconados contra la pared. Hay varios maestros, pero solo me fijo en una maestra bajita vestida toda de negro con joyas grandes y el pelo negro esponjoso. Es muy linda. Nos saludamos, hablamos un poco de tonterías... y finalmente me siento a interpretar el monólogo y lo hago todo como lo he ensayado. Cambiando la expresión del rostro y apretando los puños como me dijo el maestro. Me dicen que espere. Afuera, me pongo a pensar si alguien alguna vez me llevó a comer como a esa chica. Sí, me han llevado a comer un par de veces, pero no era para hacerme sentir bien, sino solo para comer. Y esa vez que Bombón estuvo ingresada unos días y tío Eddie nos llevó a Edito y a mí a comer a una fonda tres días seguidos. También recuerdo a Ma llevándome a la última cafetería de autoservicio Automat que quedaba en la ciudad antes de que la cerraran. Metíamos un níquel en la ranura y sacábamos una rebanada de pastel de manzana.

En eso me pidieron que entrara de nuevo.

—¿Sabes lo que es una improvisación? —me preguntó la maestra bonita con su voz melodiosa.

—No.

—Actuar sin guión. Inventando lo que dices sobre la marcha.

—¿Como fingiendo?

—Exacto —continúa—. Finge que estás afuera del cine esperando por una amiga que no acaba de llegar.

Imagino que estoy esperando a mi hermana afuera del Fenway y me entretengo sacando una servilleta del bolsillo, lanzándola y manteniéndola flotando en el aire hasta que ella llega. Estoy entretenida con la servilleta cuando la maestra me interrumpe.

—¿Has ido al teatro?

—No, pero lo he escuchado en discos.

—¿Qué has escuchado?

Estoy segura de que esto los tomará por sorpresa y los impresionará porque no es lo que ellos esperan que diga una puertorriqueña del Bronx.

—Me gusta *Hamlet*… en la grabación.

Ella se anima. Se acomoda en la silla. Creo que la tengo.

—¿Qué quieres decir? —me pregunta.

—Mi hermana tiene una grabación de *Hamlet* interpretado por Richard Burton.

De nuevo se agitan. Es una tontería, en serio, todo el mundo sabe quién es Richard Burton. Pero tengo suerte de que ellos no puedan creer que yo sepa quién es.

—¿Y qué te parece?

—Me gusta la voz de Richard Burton. Cuando la escuché, casi podía ver la saliva que le salía de la boca. Apuesto a que a los que estaban sentados cerca les cayó saliva, o incluso a los otros actores. Estoy segura de que Richard Burton los salpicó.

—¿Algo más?

—Creo que si Richard Burton pudo hacerme sentir tanto en una grabación debe de ser grandioso verlo actuar en vivo.

No miento. A veces me hace sentir pena por Hamlet, pero no les cuento de las partes largas y aburridas de la grabación en las que me quedo dormida, porque sé que no es eso lo que quieren oír.

Bajo al metro afligida por tener que dejar atrás la luz, el destello y la emoción de la calle 42 y regresar, regresar a la profunda y aburrida oscuridad del Bronx.

Pocas semanas después me entero de que he sido aceptada en la escuela.

Mi hermana y sus amigas están felices por mí.

—Sabíamos que te aceptarían —me dicen todas.

Ma también está feliz.

—¿Entraste?

—*Yep!*

—*You go, go, go, baby!*

Me alegro de que Ma quiera que vaya, aunque no tenga una idea real de a dónde estoy yendo. Estoy feliz también, y en lo único que puedo pensar ahora es en que voy a poder salir del Bronx todos los días y reaparecer en una soleada calle de Manhattan, ¡y que le debo comprar a Ma un mantel bordado en una de las tiendas que están a punto de cerrar!

PARTE 3
El comienzo

CAPÍTULO 1

Artes Escénicas

Estamos regadas por todas partes. Mi amiga Rita va a Central Commercial High; Vanessa tiene que recibir clases de educación especial en la escuela secundaria local porque ella piensa que es divertido halar el cordón de emergencia en el metro sin ningún motivo.

—¿Por qué haces esas cosas, Vanessa? —le pregunto.

—Porque mis amigas me desafían —responde riendo.

Y no me queda más remedio que reírme con ella.

Yvonne se escapó con su novio pedorro; y Lucy y Dolores empiezan a formar parte de mi pasado en lo que agarro el tren número seis hasta la Escuela Preparatoria de Artes Escénicas y mi Bronx se desvanece paulatinamente con cada estación mientras me alejo volando hacia el planeta AE.

Al bajarme en la calle 42 y la estación Grand Central, tomar el autobús hasta Times Square y caminar hasta la calle 46, noto que los carteles de LIQUIDACIÓN POR CIERRE *siguen* en las mismas tiendas, aunque han pasado varios meses desde la primera vez que los vi. Me parece que en todo este tiempo ya tendrían que haber cerrado los negocios. Hay muchos chicos fumando afuera de la escuela; algunas chicas chupan el humo de manera tan premeditada que sus bocas tienen forma de chimenea. Parecería que en realidad estoy llegando a la Escuela de Fumadores Profesionales.

Los músicos con sus instrumentos y las partituras atascadas y amontonadas dentro de sus portafolios tropiezan con todo, pero los estudiantes de danza son los que más se destacan. Los estudiantes de ballet son delgados y flotan por todos lados caminando como patos, mientras que los de danza moderna viven tirados por el suelo con sus estómagos cóncavos y sus pies gruesos encerrados en suecos de madera. Todos los bailarines tienen el pelo largo y lo llevan al natural, ya sea lacio, ondulado o rizado. Hay un bailarín puertorriqueño del Bronx que está tan feliz de poder estudiar aquí que prácticamente flota de puntillas todo el tiempo. Estamos felices y preguntándonos quiénes se quedarán, porque nos han dicho una y otra vez que estamos todos a prueba y que pueden echarnos en cualquier momento. La amenaza de ser desterrados a nuestras escuelas de barrio se cierne sobre todos nosotros como el *smog*.

Casi inmediatamente me siento arrastrada hacia el remolino de excéntricos que dicen cosas escandalosas. Hay dos Vanessas en nuestra clase.

—¿Cuál de ustedes es Vanessa Washington? —pregunta alguien.

—¿Quién tú crees? —responde un chico llamado Melvin—. ¡Con ese apellido tiene que ser la negra!

Y yo pienso, ¿Washington es un apellido de negros? Pero Melvin debe de saberlo mejor; él mismo es todo lo negro que se pueda ser. Siempre está escribiendo en una libreta con el lomo anillado, y cuando descubro que escribe poesía apenas puedo despegar los ojos de él con su cintura estrecha y el estilo con que lleva la chaqueta, los pantalones de *corduroy* y las botas color café.

Hasta en el baño escucho comentarios impactantes.

—Tengo que ponerme un tampón —dice una chica de aspecto extravagante mientras nos arreglamos el pelo en el espejo.

Pensaba que las vírgenes no podían usar esas cosas, pero no digo nada y la miro con cara de boba cuando me sonríe por última vez antes de desaparecer en el retrete, justo cuando entra al baño otra chica cargando una viola.

—¿Eres tú, Holly? —pregunta Lady Tampón.

—*Yeah*.

—¿Vas a venir a la ciudad este fin de semana?

—Puedes apostar. Haría cualquier cosa con tal de salir de Brooklyn —responde Chica Viola.

¿De qué ciudad hablan? ¿Nueva York? Pensaba que Brooklyn era parte de Nueva York. ¿Por qué le llaman a Manhattan "la ciudad"? Cuando salen juntas las escucho decir "masturbarse" antes de explotar en unas risitas tontas y no sé cuál es la gracia porque no sé qué significa esa palabra y tengo que repetirla, "masturbarse, masturbarse, masturbarse", una y otra vez en mi cabeza para poder anotarla y buscarla más tarde. Entro corriendo a la clase de español y garabateo en mi libreta m-a-s-t..., pero antes de que termine más chicos ingeniosos e inteligentes revolotean alrededor de mí. Uno canta:

The sun shines east (El sol brilla al este)

The sun shines west (El sol brilla al oeste)

The sun shines north (El sol brilla al norte)

But my mother does it best! (¡Pero mi madre lo hace mejor!)

I got the Oedipus blues. (Tengo el blues *de Edipo).*

Todos en el aula estallan en risas. ¿De qué habla esa canción?

"¿Mi madre lo hace mejor?", pienso. ¿Qué significa? Siento que tiene una energía sensual. ¿Tendrá algo que ver con el sexo?

—Atención, estudiantes. ¡Pongan atención en sus tareas!

Es Miss Bruzio, la maestra bonita y con medias largas y rojas, que da toda la clase en español, por lo que yo entiendo todo lo que dice. En el Bronx todos los niños nacidos en Puerto Rico sabían más español que yo, pero aquí creo que soy la que más sabe.

—¿Quién fue el gran libertador de América del Sur? —pregunta Miss Bruzio.

—¿Cómo voy a saber quién es el libertador de América del Sur? —bromea una chica—. ¿El Zorro?

Disimulo una sonrisa mientras me preparo para que Miss Bruzio comience a gritar y a regañar, pero sucede todo lo contario, se ríe junto con el resto de la clase antes de continuar con el tema siguiente.

En la clase de inglés hay una chica pelirroja a la que no le gusta la diversión ni los juegos ni las bromas. Se quemó en un incendio y tiene cicatrices en la cara y en los brazos, y está siempre tan molesta que me pregunto si no se habrá incendiado a sí misma con una combustión espontánea. Escribió un poema titulado "La capa", y se lo lee a la clase: "¿Son los retos que enfrento como una capa demasiado grande? ¿Tan pesada que se me hace difícil sostenerla sobre los hombros, tan larga que me enredo con ella?".

Alguien tose. Cabeza de fogata deja de leer.

—Continúe —dice el maestro.

No usa medias largas y rojas como la maestra de español, pero tiene la manía de estirar distraídamente una liga alrededor de sus gafas mientras escucha.

Cabeza de Fogata se encoge de hombros y se sienta.

—No —responde—. No quiero seguir leyendo. La gente no está escuchando —añade doblando el preciado papel y poniéndolo a buen resguardo de todos.

Miro a ver si el maestro va a gritar y llamarla fresca y decirle

"¿Pero quién demonios te crees que eres?", pero no hace nada de eso. En realidad luce desconcertado y está a punto de chasquear la liga de caucho contra su propia nariz.

En el almuerzo tengo tiempo de reorganizarme y pensar y sopesar y observar, mientras me como el sándwich de atún que traigo de casa en el área que sirve para los casilleros, de vestíbulo y de salón de la clase de actuación, y que se estremece con la música mientras todos los estudiantes bailan a mi alrededor como si estuviéramos en el programa de televisión *American Bandstand*, solo que estos chicos son capaces de ejecutar piruetas complicadas. Cuando termino me quedo ahí mismo para las clases de actuación. La maestra explica un trabajo de clase. (No es como Miss Pellman… esta ni siquiera se fija en mí). Tenemos que hallar algún objeto de utilería e interactuar como si estuviéramos solos sin nadie mirando. Durante los próximos días nos sentamos en semicírculo, actuando y observando. Le toca a Cabeza de Fogata. La observamos escribir en una libreta. La maestra no está satisfecha.

—¿Hay algo más que puedas hacer que sea íntimo?

—Mi poesía es muy íntima —responde.

Pero la maestra quiere algo más.

—¿Alguna vez te has maquillado? —la presiona.

Cabeza de Fogata parece achicarse.

—Bueno…

—Hagamos eso —continúa la maestra—. Finge que te estás maquillando para ir a una fiesta.

Cabeza de Fogata comienza a aplicarse en la cara base imaginaria. Sus manos comienzan a temblar. De súbito una marejada de temblores recorre su cuerpo terminando en un silencioso torrente de lágrimas. La maestra, alarmada, le alarga una servilleta pero Cabeza de Fogata se levanta, camina hasta su casillero, recoge sus cosas y desaparece por la puerta. Nunca más la volvemos a ver. La escuela no la echó, ella echó a la escuela.

Es mi turno. Decido que voy a fingir que estoy preparando un sándwich para mi hermano, como hacía antes de ir a Crotona Park. Con el pelo recogido en una cola, aunque no es mi mejor *look*, y usando una camiseta blanca de niño, a pesar de que me aplasta los senos, voy a comenzar cuando la maestra me interrumpe.

—No sé qué estás haciendo.

Me congelo, aunque siento el vapor subiéndome a la cara y escucho la sangre dándome latigazos en la cabeza.

—¿Y en esa camiseta…? No sé ni siquiera qué eres. ¿Estás tratando de parecer una mujer que vive en la frontera?

Estoy tan abatida que apenas puedo regresar a tientas y hundirme en mi silla. Otra chica se pone de pie y su momento privado es curiosear entre la joyería de su abuela. Escoge un broche, siente su peso y se lo acerca al corazón.

—Muy bien —dice la maestra entusiasmada—. Querías mucho a tu abuela, ¿no es cierto?

Alarmada de no haber podido apreciar lo que quiso dar a entender la chica, me pregunto si tendré capacidad para actuar de esa manera.

—Quiero que se vayan a casa y escriban un ensayo sobre sus esperanzas y sueños —dice la maestra al terminar el ejercicio.

Esto es lo que escribí:

La infancia de mi madre en Puerto Rico durante la Depresión hace que la de Oliver Twist luzca agradable. Mi madre me ha contado muchas historias tristes sobre lo pobre que era en Puerto Rico. Por eso vino a este país, pero aquí también es pobre. Somos pobres, realmente muy pobres. Tengo una hermana mayor y dos hermanos menores. Uno tiene asma y mis padres lo enviaron al mismo lugar donde ellos sufrieron tanto. Algunos piensan que el hogar es un lugar bueno a pesar de todo, pero yo no. Mi padre bebe y le pega a mi madre cada vez que puede. Ojalá que mis padres se divorciaran para así poder venir de un hogar roto, esos son mis sueños y esperanzas.

Al día siguiente la maestra se fija en mí y me busca involuntariamente cada vez que mira a toda la clase. Estoy feliz de llamar la atención pero me apena que sea por mis problemas familiares y no por mí misma.

CAPÍTULO 2

¿Ganadora o perdedora?

Durante un par de semanas me fijo en los chicos de ojos enrojecidos porque eso puede significar que los han puesto en probatoria, y me alarmo cuando veo al bailarín puertorriqueño del Bronx llorando en el pasillo. No me evita cuando me ve acercarme, como si estuviera tan sorprendido como yo de lo que está pasando.

Por lo menos él tiene motivos para llorar. Mis lágrimas están siempre por debajo de la superficie y salen a flote cuando menos lo espero: si leo una anécdota sobre la Guerra Civil en la clase de inglés, si pierdo un lápiz, si canto una canción en la clase con La Chimenea.

—¿Estás bien? —me pregunta La Chimenea más tarde afuera, mientras esquiva experta el viento para encender su cigarrillo.

—Sí, sí…

Me mira mientras suelta el humo por la comisura de los labios y no dice nada más, y creo que es por eso que me cae bien.

—Oye, ¿podrías venir a cuidar al idiota de mi hermano el sábado por la noche? Tengo que ir a un lugar con mis padres. Mi madre te pagaría.

—No sé…

—*C'mon*... di que sí. No vas a tener ningún problema. Es un tonto, así que es probable que se quede dormido temprano de todos modos. Va a ser dinero fácil.

—Bueno...

—*Come on* —insiste chupando el cigarrillo.

El domingo voy a su casa, en la avenida West End y la calle 86, y me asombra no poder determinar en qué tipo de vecindario estoy porque hay un poco de todo: blancos, negros, judíos y boricuas. Me quedo impresionada de que su edificio tenga portero y mucho más cuando el elevador abre en un piso que solo tiene una puerta... ¡la de ellos!

—Ey —me dice La Chimenea sonriendo cuando me ve.

Su apartamento es un museo, o una biblioteca, o una iglesia, o cualquier otro lugar que tenga libreros desde el piso hasta el techo y pinturas en las paredes y máscaras africanas que parecen reales. Tienen toda una pared de elepés y un sistema de sonido con dos grandes altavoces dirigidos hacia un sofá de cuero en forma de L. Se escucha la música agradable y jazzeada de una trompeta. Los padres de La Chimenea tienen el pelo largo, la madre lleva un collar de grandes cuentas de coral; el padre me mira a través de sus grandes espejuelos de pasta negra.

—Hola —me dicen al unísono, tomando mi abrigo.

No pueden despegar los ojos de mí, y me doy cuenta de que estoy demasiado elegante con falda y medias y ellos están en jeans. Sonriéndoles como una tonta les pregunto dónde está el baño. Es un surtidor de colores, con toallas rojas, verdes, azules y amarillas dobladas cuidadosamente en los toalleros. Del otro lado del inodoro, a la altura de la vista, hay un gráfico (eso creo) de los verbos en francés con sus conjugaciones. Me enjuago las manos pero no estoy segura de que esté bien usar una de las toallas, así que sacudo las manos y me las seco en la falda.

—¿Todo bien? —me dice el hermanito de La Chimenea.

Está resfriado y sentado en el sofá con la nariz roja y una expresión de enojo en el rostro.

—No seas idiota —le dice mi amiga.

—Basta —les dice su madre—. Nos vamos. —Y luego se dirige a mí—: No vamos a regresar tarde. Solo vamos al Instituto Francés a una conferencia sobre París durante la Segunda Guerra Mundial.

—Iremos todos este verano —dice el padre de mi amiga, ayudando a su esposa a ponerse el abrigo.

No me puedo imaginar a mi padre ayudando a Ma con el abrigo.

—¿Quieres encenderme la televisión? —me ordena el niñito tan pronto como se van.

Estoy perdida porque imagino que tengo que apagar la música primero.

—Solo aprieta ese interruptor de allí —agrega leyéndome la mente y señalando.

Sigo sus órdenes y me quedo parada en atención esperando sus próximas instrucciones.

—¡Ahora enciende el televisor!

Mientras miramos la televisión me entra tanto sueño que no puedo mantener los ojos abiertos, y cuando me ve cabecear me regaña.

—Ey, no se supone que te quedes dormida, ¿sabes?

Siento que soy la niña pequeña y él es el mayor. Por suerte el siguiente programa es *The Ed Sullivan Show*. Están The Temptations y me encantan sus armonías y los suaves movimientos que hacen con el cuerpo para acentuar la letra de la canción. Pero el niñito se burla.

—¿Por qué tienen que moverse así cuando cantan? —dice como si la ridiculez del baile le disgustara.

Estoy avergonzada de no tener una respuesta y de que este niñito me haya hecho sentir estúpida. Cuando mi amiga y sus padres regresan estoy ansiosa por irme.

—Espera —dice La Chimenea—. Voy a acompañarte al tren.

Una vez afuera me confiesa.

—¡Solo quería salir para fumar! Oye, el sábado que viene estoy sola en la casa y voy a tener una fiesta de pijamas. ¿Puedes venir?

—No… Yo…

—Anímate, va a ser divertida.

—No sé… —digo tratando de hallar una excusa—. No puedo quedarme a dormir —finalmente respondo—. Tengo que cuidar a mi hermanito… darle el desayuno.

—¿Qué cosa? ¿Cuántos años tiene?

—Ocho.

—¿Y no puede servirse sus propios Cheerios?

Me cuelo en la estación del tren para no tener que responder.

La maestra anuncia que nos va a asignar roles similares a nuestras personalidades, y me siento avergonzada de que me haya dado el papel de la aburrida y tímida Amy en la obra *One Sunday Afternoon*. ¿Será así como ella me ve? ¿Como una tristona? La parte de Virginia, el personaje bello, coqueto y vivaz le toca a mi pareja en escena, Mariel, que es una aparición de color beige con el pelo rubio champán satinado a la altura de los hombros y suaves suéteres de cuello de tortuga blancos, beige o grises combinados con minifaldas de lana. Comparo su aspecto con el mío. Mirando a Miss Kitty en *Gunsmoke*, Vanessa se sintió inspirada a hacerme una blusa morada a juego con ligas del mismo color, que ahora me hacen sentir que estoy disfrazada mientras Mariel usa ropa real. Se supone que practiquemos nuestra escena, pero no puedo dejar de mirar los piececitos de Mariel encerrados en suaves botas de piel color caramelo. Me sorprende mirándola, y para disimular en lo que escondo mis patotas debajo de la silla, le digo:

—Me encantan tus botas.

—Oh. Sí, ya sé, gracias, a mí me gustan también, las compré en Bendel's. ¡Dios, creía que no iba a poder usar zapatos jamás, y mucho menos botas! No te imaginas lo que me sucedió el verano pasado. Andaba con mi novio en la motocicleta por la calle principal de East Hampton y como la moto no tenía silenciador, cuando vimos un patrullero no vas a creer lo que hice. ¡Oh, Dios mío, traté de tapar el tubo de escape con el pie para que no hiciera ruido y me quemé! ¡Tuve el dedo vendado por una semana!

Vimos que la maestra venía hacia nosotras.

—Shhh... ¡ahí viene!

Y comenzamos a ensayar nuestra escena sobre dos chicas de principios de siglo que esperan citas a ciegas.

—¿Qué pasó? —dice la maestra como único comentario cuando finalmente terminamos de actuar.

—Creía que mi propio nerviosismo se reflejaría en mi personaje —digo poco convincente.

Parece decepcionada.

—No tienes energía, Sonia. Tienes que ir al teatro, para que veas como se mueve una actriz —dice.

¿Estará bromeando? ¿Ir al teatro? No tengo dinero para ir al teatro. Y aunque fuera no sabría qué ir a ver. Pero puedo practicar tener energía, así que el sábado en la casa me preparo sándwiches de huevos fritos con tocineta. ¡Eso me va a dar el estímulo que necesito!

—Vete de la casa mientras fumigo contra las cucarachas —dice Ma—. Quédense lo más que puedan afuera para que el olor no le haga daño a Joe.

Como, y luego Joe, Petey y yo escapamos mientras Ma está entretenida en su propia guerra contra las cucarachas. Caminando delante o detrás de mis hermanos, practico que tengo energía y estoy explotando de la vitalidad. Unas horas más tarde, cuando llegamos a casa, Joe se enferma de todos modos. Ma deja de barrer las cucarachas y se sienta con él en la ventana. El estómago casi le toca la médula espinal tratando de respirar. Estoy saltando por todo el apartamento con el asunto de las cucarachas, barriéndolas y echándolas a la basura, cuando llega mi padre.

—¡Qué demonios es esto! —maldice enfurecido porque Joe está con asma.

Joe respira profundo. Ma va a donde está mi padre.

—¡Cálmate!

Pero él no se calma, por el contrario, arremete gritando que va a coger a Dios por el cuello y estrangularlo por darnos tan mala suerte. Hago saltos de tijera mientras hablan de llevar a Joe de nuevo al Hospital Lincoln. Esta es la tercera vez esta semana que Joe se enferma y Ma tiene que calmar la ira de Pa. ¿O primero es Pa furioso, luego Joe se enferma y Ma los calma? Cualquiera que sea el orden de los acontecimientos, los ataques de Joe tienen más energía que cualquier conjuro mágico que se me pueda ocurrir.

Todo comienza igual al año siguiente.

—¿Qué animal debería ser? —le pregunto a la maestra.

Esta es la maestra joven y bonita que estaba en la audición. Es muy bajita de tamaño y sigue vestida de negro con grandes joyas plateadas y los labios pintados de caramelo como la única nota de color.

—Cualquier animal con energía —dice y suspira—. ¿Qué te parece un conejo?

—Sí, *okay*, un conejo.

Vamos a fabricar nuestros propios disfraces. Le digo a la maestra bonita que el mío va a ser morado y verde.

—Hmm… ¿qué te parece rosa pálido y amarillo? —dice.

Me doy cuenta de que le parece que mi gusto es muy chillón.

Voy al zoológico de Central Park a observar el comportamiento de los conejos, pero lo único que hacen es pestañear y encoger la nariz. Parpadeo en clase y la maestra alza los brazos y los mueve desesperada porque no lo hice dando saltitos.

En la casa Ma está limpiando y cantando *"…in the still of the niiight…"* cuando me quejo.

—¿Y qué tal te va en el papel de humana? —bromea y sigue cantando.

Me siento exhausta y no sé si alguna vez seré buena interpretando humanos y hasta dudo si de verdad quiero ser actriz.

Mis pensamientos cambian después de ver la actuación tan maravillosa de un estudiante del curso superior que me arrastra adentro de la trama que se desarrolla en el escenario. De repente deseo ser capaz de hacer eso también; y tengo la oportunidad de probar cuando me asignan una escena en una obra titulada *Escenas callejeras*. No solo eso. Mi compañero de escena es Melvin, el adorado poeta romántico de la escuela. Hago el papel de la hija de un borracho irlandés que mata accidentalmente a su esposa. Nos sentamos con la maestra y empiezo a sentirme tranquila leyendo los parlamentos sobre las causas del asesinato. Frases que dicen que la gente no debe depender una de otra para todo. No están hablando de cosas materiales como la comida o los muebles, sino de algo que necesitamos dentro de nuestros corazones u otra cosa por el estilo, y en realidad, para ser honesta, ni siquiera sé de qué están hablando. Excepto que mientras estoy leyendo me pregunto, ¿se referirán a cosas como el amor o la soledad? Es decir, ¿si no nos sentimos amados, debemos esperar que otros nos amen? ¿Si nos sentimos solos, podemos esperar que otro nos haga sentir mejor por acompañarnos? ¿Que debemos saber cómo amarnos a nosotros mismos, y de alguna forma hasta acompañarnos a nosotros mismos? Vuelvo a pensar que no sé lo que quieren decir todas las palabras en esta obra, pero en medio de este pensamiento siento una emoción tan fuerte e inesperada, como un culatazo de rifle en la parte de atrás de la cabeza, que me pongo a llorar. Desconcertado por mi repentino comportamiento, Melvin se mira las botas y la maestra me observa mientras trato de recuperar la compostura. Cada uno de los personajes de esta obra se parece a alguien que conozco.

—Quizás este no sea el mejor momento para que trabajes en esta escena —dice cautelosa, como si estuviera hablando con una lunática.

—¿Por qué no? Es perfecta para mí —le respondo.

¡No puedo creerlo! Primero no tengo energía y ahora estoy demasiado conmovida.

—Quizás no puedas manejar esta situación en esta etapa de tu vida —dice la maestra con dulzura—. Vamos a buscar alguna otra escena para que la ensayes —añade.

Una vez más me desvían de mi trayectoria.

CAPÍTULO 3

¿Bajo qué piel vivo?

"I wish I knew how it would feel to be free . . ."

Ese verano me encuentro cantando a todo pulmón con un grupo llamado Urban Arts Corps. Es un trabajo que conseguí a través de la escuela para llevar el teatro a los niños de los barrios pobres, y me encanta, pero lo que más amo es esta canción, aunque se me rompa el corazón y se me salgan las lágrimas cada vez que la canto.

Miro a mis compañeros en el salón de ensayos: algunos son estudiantes de Artes Escénicas como yo, otros ya se han graduado, otros son jóvenes actores de Harlem, y algunos vienen incluso del Sur. Nuestra líder es Vinnette Carroll, una mujer voluminosa con una voz tronante que ha venido a la Escuela de Artes Escénicas a enseñar. Nos mira con sus minúsculos ojos centellantes que se ven mucho más pequeños a través de sus lentes gruesos, luciendo sus sandalias de hombre y vestidos sin forma, pero bonita de todas formas por su sonrisa distraída y su peinado infantil en forma de *pouf.* Me gusta incluso antes de saber que es una maga que hace teatro de la nada. Leemos un cuento titulado "La lotería" sobre campesinos que acostumbran a lapidar en un ritual a uno de los suyos. En el clímax, la pobre víctima lucha por su vida gritando "¡Esto no es justo, no tienen derecho!" mientras simulamos que le golpeamos la cabeza. En las manos de Miss Carroll, esos gritos tienen algo que ver con los derechos civiles.

Montamos una obra que requiere actores blancos. ¿Qué hacer cuando no hay ningún blanco en el grupo? Hacemos carteles que dicen "blanquito" o "paliducho", y los usan los personajes que deben ser blancos. Me da tanta risa como cuando Vanessa y yo discutimos sobre nuestras encías oscuras. Es bueno poder reírse libremente de nuestros miedos.

De cualquier forma, la mejor parte de este trabajo es la música.

"I wish you could know what it means to be me…"

Cuando cantamos eso, no sé por qué lloro, pero no puedo evitarlo.

Ese septiembre, Melvin da el primer paso y me invita a su casa, pero como estoy demasiado nerviosa para ir sola traigo a Vanessa. Ya no uso blusas y ligas púrpuras. Ahora me gusta usar saris indios porque Bill, que ahora es el esposo de mi hermana, es marino mercante y me compró uno en Calcuta.

—¿Cómo luzco, Vanessa?

—Como una idiota —dice y se ríe.

Me río con ella pero me lo pongo de todas formas.

Melvin vive en los proyectos de la calle 96 Este. Entramos y tenemos que pasarle por al lado a su madre, que está cocinando.

—Hola, Mrs. Hall.

—Hola. Sigan, que Melvin está en el fondo.

Atravesamos la sala de apariencia normal, con fotos de Martin Luther King, Jr. y Kennedy sobre el televisor, hacia el mundo tan distinto de la habitación hippie de Melvin, y me alegro de que Vanessa venga conmigo porque con él están su mejor amigo, Oscar Rodríguez, y una bailarina. ¿Tienen una fiesta? La habitación está perfumada de incienso. Hay carteles de Bob Dylan, Richie Havens y

Jimi Hendrix. La colcha de Melvin tiene un estampado de cachemira que combina perfectamente con mi sari. Melvin se ve tan lindo con su piel oscura y sus caderas estrechas en pantalones ceñidos de *corduroy*. Su libreta de anillas está tan usada y desgastada como la libreta de créditos de don Joe cuando vivíamos en Third Avenue. Melvin está sentado en la cama; la chaqueta tirada sobre una silla; las botas marrones se asoman por debajo de la colcha. Es tan atractivo que puede recibirnos en medias. Oscar Rodríguez rasga la guitarra. Vanessa saca un porro.

—*Okay...* —dice Melvin.

Ahora sí estamos en algo.

Fumamos. Melvin lee un poema sobre el universo o algo por el estilo.

—*Wow...* —le digo emocionada—. Me encanta.

Pero en realidad no sé de qué está hablando. Vanessa se ríe. Oscar toca la guitarra y cuando termina invita a Vanessa a un paseo. Ella se ríe como una tonta mientras se marchan. Melvin lee algún poeta famoso del que nunca he escuchado, como si yo alguna vez hubiese oído hablar de algún poeta, y finjo que escucho pero en realidad fantaseo sobre la pareja perfecta que hacemos. Nos veo a Melvin y a mí y a Vanessa y a Oscar yendo de paseo al zoológico, con Oscar de la mano con Vanessa y yo de la mano con Melvin, luego regresando y escuchando a Simon and Garfunkel. Más adelante, cuando Vanessa y yo tengamos nuestro apartamento, ellos pueden venir a cenar.

Al día siguiente en la escuela le pregunto a Oscar qué piensa de ella.

—Es una estúpida —me dice.

—¡No es cierto! —digo furiosa—. ¡Lo que pasa es que no habla inglés!

—No es eso —me responde—. Estaba hablando español con ella. Es simplemente una estúpida.

—Pero te fumaste su porro.

—¿Y eso qué tiene que ver, Sonia?

—Que tú te piensas que eres moderno, pero ella es más moderna que tú.

Dos días después Vanessa viene a mi casa con un porro. Nos lo fumamos. Una canción de los Beatles fluye por mi cerebro y canto "*I am the walrus… I am the walrus…*". Vanessa me sonríe.

—Ey, Vanessa, ¿qué tú piensas que quiere decir esa canción?

—¿Qué? —dice y comienza a reír.

—Tú sabes, esa canción de los Beatles que dice "*I am the walrus…*". ¿Qué crees que significa?

—¿Qué sé yo? *How should I know?* —responde.

—Tú sabes, Vanessa, en cuanto nos graduemos podemos buscar trabajos de secretarias. ¿Qué te parece? —digo.

—Sí, sí… —dice sacando un paquete de galletitas—. ¿Quieres?

—Claro —digo metiéndome una en la boca—. ¿Tu madre te dejará mudarte?

—¿Ah? —dice mi amiga y se ríe.

—Tu madre…

—¡Vamos a hacer un vestido para que te lo pongas mañana! —responde Vanessa halándome fuera del apartamento.

Decido enamorarme de otro. Un chico del primer curso. Sus padres tienen un apartamento en un rascacielos de lujo en la calle 14 y nunca están en casa. Me paso con él casi todo el día durante los fines de semana en mi nuevo look: *hip beatnik*. Suéteres de cuello de tortuga negros, zapatos de puntera fina de gamuza negra con tacos bajos y hebilla, medias negras y una falda a cuadros. Llevo el cabello partido a la mitad y estirado hacia atrás en un moño apretado como una bailarina.

—Si mis padres se murieran hoy —dice el chico después de revolcarnos en su cama por una hora o dos—, todo esto sería mío. Imagínate, podría pasar. Su avión puede haberse estrellado ahora mismo y yo heredaría este condominio.

Miro por la ventana hacia el vecindario. Estamos en la parte oeste de la calle 14, pero sé que si vas al lado este de la 14 sería una historia completamente diferente, con montones de restaurantes puertorriqueños que sirven la clase de comida que le gusta a mi padre, cuchifritos, orejas y lengua de cerdo y un embutido de sangre que se llama morcilla. Esa clase de comida que le revuelve el estómago a Ma cuando él la trae a casa. Y en realidad a mí también.

—Ven —me dice mi novio, halándome de la ventana hacia la cama para continuar con su fantasía de propietario—. ¡Todo esto podría ser mío!

Después de pasar el día soñando que él es independiente y rico regreso a casa en el metro.

La próxima vez que nos vemos me invita a un restaurante llamado Serendipity. Es famoso, bello y carísimo, y me encanta que nos encontremos con una compañera de clase cenando con toda su familia. Ella me mira con envidia porque estoy con mi novio mientras ella está con su mamá, su papá y su hermanita malcriada.

Un día en la escuela, mi novio me invita a una fiesta. Toda la semana me la paso preparando un ~~vestido~~ especial porque quiero lucir bien. Es verde lima con el cuello cuadrado y las mangas acampanadas y lo combino con medias de malla blancas y zapatos beige. Cuando llego a su apartamento, él lleva puesto un pantalón gris, un pulóver crema con cuello de tortuga y un *blazer* azul de doble solapa con los botones metálicos. Estoy entusiasmada con la fiesta, pero entro en *shock* cuando llegamos al lugar. Todos son chicos. Y todos se ven más lindos que yo. Tienen flequillos largos que sacuden de un lado a otro y se peinan las cejas con sus delicados dedos del medio. Señalan a su amigo y se ríen como tontos cuando ven que ha venido con una chica.

—¿Quién es tu amiga? —pregunta un chico con cara de seductor.

—Se llama Sonia… —responde mi novio con timidez.

Bailamos y no puedo creer que todos los chicos bailen unos con otros e incluso me parece ver a algunos de ellos besándose. ¡Nunca en mi vida ni siquiera he leído sobre algo así!

Regresamos callados camino al metro, donde yo voy a tomar el tren que va hacia el norte y él, el que va al sur. No conozco las palabras para hacer las preguntas que tengo en mi mente.

La próxima vez que salimos, decido llevarlo a un restaurante de la calle 14 y planifico la salida con mucho cuidado.

—Quiero enseñarte parte de mi cultura —le digo tímida, arrastrándolo rumbo este hacia la sección puertorriqueña de la calle 14, donde podemos elegir entre una gran variedad de puestos de cuchifritos: San Juan Cuchifritos, Dos Hermanos Cuchifritos, Cuchifritos del Caribe.

Escojo el que tiene las ventanas más grasientas y más moscas danzando alrededor de las bombillas peladas que calientan los chicharrones de cerdo en las vitrinas.

—Entremos. Nosotros comemos esto todo el tiempo en mi casa —miento.

Pido orejas y lengua de cerdo y morcilla negra. Cuando llega la comida él parece estar a punto de vomitar y me siento victoriosa frente a su expresión de disgusto. Estoy orgullosa de ser más dura que él, y se lo pruebo atiborrándome de comida. Más tarde, cuando estoy sola en el tren rumbo a casa, mi triunfo ya no sabe tan bien. Además, tengo el estómago revuelto y ahora soy yo la que siento que voy a vomitar.

Al día siguiente me pongo la ropa que hicimos Vanessa y yo, un vestido largo en forma de camiseta con un pañuelo por cinturón, y veo al bailarín puertorriqueño del Bronx parado fuera de la escuela. Se ha decolorado su pelo negro rizado de rubio platinado y parece estar mirando desesperadamente con sus ojos enrojecidos dentro de la escuela a través de los ladrillos, como si se muriera por entrar. Antes de que desaparezca por completo, lo vuelvo a ver un par de veces afuera de la escuela como si no tuviera otro lugar a donde ir y me pregunto, ¿cómo es que lo han echado a él y no a mí?

CAPÍTULO 4

La bomba del amor y el matrimonio

El traje que llevo puesto es blanco entallado a la cintura con una faja verde, y cuando levanto la vista de la costurera que está ocupada con el dobladillo, las Sonias que me devuelven la mirada desde un espejo de tres lunas me sobresaltan por lo hermosas que son; siento vergüenza de verme de esa forma. Mi pelo cae en cascadas y me sorprende lo adulta que luzco, a pesar de que en realidad no lo soy aún, solo tengo quince años. Mi prima Carmen, que ya tiene dieciocho, sí es ya una mujer lista para casarse, y a través de todos los preparativos para su boda siento que tengo la nariz pegada contra el vidrio de un futuro que espero sea también el mío. Nos hemos estado preparando cada uno de los fines de semana durante el último mes. Ma está organizándolo todo por tres razones: es la madrina de la boda, ella se entiende mejor con las señoras de las tiendas italianas de vestidos, porque este es el tipo de mujeres con las que ella trabaja, y ella es la única que maneja. Tío Eddie tiene también un gran rol. Yo soy una dama de honor junto con las amigas de Carmen que no han sido "deshonradas" aún.

El día de la boda, todas nos vestimos en la casa de Carmen en la avenida Elder. Está repleta de espejos estilo italiano y tantos muebles con forros de plástico que pienso que tiene que haber una fuente con angelitos de cemento lanzando chorritos de agua en algún lugar de la cocina. Carmen insiste en que todas llevemos un peinado colmena o grandes rizos recogidos encima de la cabeza y le ha pedido a unas amigas que vengan a cepillarnos y amoldarnos el pelo. Odio mi peinado cada vez que recuerdo lo bien que lucía con todo el cabello cayéndome sobre los hombros, y me siento incluso más ridícula cuando me encuentro con mi pareja. Aunque no importa, todos los caballeros de la corte de honor están en sus veinte e interesados en chicas mayores. Carmen luce recatada, tímida y sacrificada y yo la analizo para poder repetirlo cuando me toque el turno de casarme.

Es la boda perfecta. No estamos en el sótano de un club social puertorriqueño donde nos sirven arroz con gandules y grasientas paletas de cerdo con tostones, sino en Sorrento's, el salón de fiestas de moda que sirve pollo en salsa blanca. Como sé que mi pareja piensa que soy una niña, decido hacerlo reír hablando con un exagerado acento boricua.

—*Yu laik iiit in dis pleis?*

Pienso que es gracioso lo que estoy haciendo, pero Ma me lanza una mirada desintegradora, así que me entretengo en observar como mis tíos miran cautelosos el plato de pollo flotando en una lechosa salsa blanca tan pura como la misma Carmen. Sé que es virgen porque pasó la prueba de la virginidad de Manny.

—¿Cómo lo comprobaste? —le había preguntado.

—Bueno, traté de tener sexo con ella diciéndole que podíamos hacerlo, ya que después de todo nos íbamos a casar.

—¿Y qué pasó?

—Me pegó.

—¡Te pegó!

—Bueno, sí, no duro, pero de todas formas me dolió. Ahí fue cuando supe que era la mujer para mí.

—¿Y qué hubiera pasado si te hubiera dejado 'llegar hasta al final'?

Recordaba ese término de una de las revistas *True Confessions*.

Me mira como si la respuesta fuera tan obvia que no pudiera creer que la estuviera preguntando.

—¿Qué tú crees? No me hubiera casado con ella.

Seis meses después estoy parada en el rellano de un dúplex en el fin del mundo. Hay sonidos de animales salvajes y pájaros enormes, que entonces me entero que se llaman garzas, volando por todas partes. De alguna manera mi madre se las ha ingeniado para dar una entrada en una casa recién construida en una nueva comunidad en la parte norte del Bronx. Está tan en el medio de la nada que uno tiene que tomar dos autobuses, un tren y encima de eso caminar cinco cuadras para llegar.

La casa tiene escaleras que conducen a tres habitaciones, ¡como esas por las que resbalan las actrices en las casas de la televisión! Me siento que estoy haciendo una entrada solemne cada vez que bajo a la cocina. Mis padres tienen la habitación más grande, mis hermanos comparten otra y yo tengo la mía propia. Al fin privacidad, no tengo que compartir la habitación con mis hermanos, que es algo que no me gusta mucho. No me explico cómo Ma lo logró, pero probablemente la impulsó la idea de que mis tíos Eddie y Frank ya han prosperado comprando sus casas. El día que nos mudamos, Bombón rocía azúcar en toda la estantería y las gavetas de la cocina para la buena suerte.

Pero algo sale mal casi inmediatamente. Justo después de la comida, el mismo día en que nos mudamos, cuando Ma quiere sentarse a disfrutar su estupendo logro, mi padre se viste para salir.

—¿A dónde vas? —pregunta Ma.

—Regreso enseguida —responde mi padre.

La expresión en la cara de mi madre es de tanta decepción que tengo que mirar hacia otra parte. Más tarde ella se sienta afuera en el pequeño rellano de cemento, mirando al cielo, como buscando respuestas; también yo me siento desconcertada de que tener una casa no nos haya ayudado a vivir felices para siempre. Al día siguiente, los estantes y gavetas de la cocina amanecen llenos de hormigas comiéndose el azúcar de la buena suerte que polvoreó Bombón.

Ma logra deshacerse de las hormigas a tiempo para el día en que cumplo dieciséis. Invito a algunos viejos amigos de Southern Boulevard y a algunos nuevos de la Escuela de Artes Escénicas. La mañana de la fiesta me pongo rolos y me arreglo las uñas. Cuando mis uñas y mi pelo están perfectos me pongo el traje de dama de honor que usé en la boda de Carmen y desciendo por la escalera a recibir a mi tío Eddie, que me abraza, me besa y me regala dieciséis rosas antes de meterse en la cocina a tomar café con Ma. Mientras espero por los invitados, ensayo mi papel de señorita que es la fruta madura que todo el mundo se muere por arrancar.

Nunca he actuado mejor. Mi sonrisa brilla radiante mientras miro a lo lejos a través de la ventana. Desde que Julieta esperó por Romeo nadie ha representado la espera de manera más bella, y me mantengo en mi papel hora tras hora hasta que es evidente que nadie va a venir. Ni siquiera Vanessa.

Me quito el vestido y me siento con Ma en el rellano afuera.

—¿Dónde demonios te metiste, Vanessa?

Ha pasado una semana y estoy parada en la parte delantera de una tienda en West Farms Road, ahora convertida en un improvisado apartamento. Vanessa no responde.

—¿Y ahora qué eres, una gitana? —le pregunto.

Vanessa me empuja de la forma en que solíamos hacer, pero ya no explotamos de la risa tan rápido. Noto amargura detrás de sus mejillas perfectas.

—Shhh... —dice haciendo señas de que su madre está en la habitación del fondo.

Las ventanas del frente están cubiertas con cortinas negras (creo que los gitanos las usan rojas). Del otro lado de la puerta hay una cómoda y a los pocos pasos una cama doble. Más adelante está la cocina y un catre. Me pregunto qué habrá pasado con los muebles Luis XIV blancos y dorados del apartamento de Southern Boulevard. La madre de Vanessa sale del fondo con un tipo con la cara de mexicano más grande y antipática que he visto en mi vida, idéntico a los pistoleros de las películas de la revolución mexicana a las que Ma solía llevarme. ¡Tiene el pelo grueso y ondulado, bigotes caídos y usa botas de vaquero color rojo vino con pespuntes rojos! Miro la cara inexpresiva de Vanessa.

—¿Te gusta? —dice su madre, Irena, rociándole perfume a un abrigo negro que hay tirado encima de la cama.

Se está arreglando para salir con su hombre, que nos mira con impaciencia.

—Cuídate, mama —le dice la madre de Vanessa a su hija besándola en los labios.

La mamá de Vanessa llama "mama" a Vanessa, lo que siempre me ha parecido raro.

Entonces, agarrando descuidadamente el abrigo y prendiéndose del brazo de su hombrón, sale a la calle. Vanessa me sonríe tristemente y siento pena de que la dejen sola en una tienda, como si fuera un producto en venta. Pero quizás Vanessa no estuvo demasiado sola, porque unas semanas más tarde viene a la casa a cenar con mi hermana, su esposo y yo, ¡y mientras Ma está revolviendo la olla, ella deja caer la bomba!

—*What?*

—Estoy embarazada…

Mi hermana, Bill y Ma parece que no me ven, a pesar de que miro insistentemente de uno para otro. El torrente de sangre que se me agolpa en los oídos cancela todos los demás sonidos, pero cuando Vanessa no añade nada más y solo se sienta como si todo esto le estuviera pasando a otra persona, pienso en todos los planes que habíamos hecho.

—Pensaba que íbamos a alquilar un apartamento juntas —digo bajito.

Ella sigue sin responder.

Ma se levanta y nos vuelve a llenar los vasos de agua. Mi hermana corta un plátano. Bill parece interesado, pero solo como espectador sin ningún papel protagónico.

—Hay formas de salirse de eso —insisto—. ¿Quieres realmente ser como mi prima Sue, que siempre necesita ayuda de alguien porque tiene un montón de hijos y no tiene dinero?

Inmediatamente pienso en Carmen, y entran en foco las imágenes recientes que tengo de ella embarazada, quien, advierto de repente, me recuerda a un bello pájaro enjaulado mirando aturdido y alelado. Me vuelvo para mi madre buscando una explicación para todo este horror, pero ella se ha levantado otra vez, como si nada inusual estuviera sucediendo.

—¿Más arroz? —pregunta.

—Quiero un poco más —responde mi hermana.

¿Qué hacen hablando de arroz? Tenemos que encontrarle una solución a esto. Esto es importante. Entro en modo de monólogo.

—¡Vanessa, no tiene que ser así! ¡Tú eres solo una niña! Puedes interrumpir este embarazo. ¡Estamos en los sesenta! Ahora somos libres.

Pero cada argumento que lanzo rebota contra su rostro inexpresivo y desaparece en el ozono, y ella se va desvaneciendo desde adentro como si se apoderara de su cuerpo la resignación.

Más tarde, después de que todos se han marchado y Ma ha salido a sentarse en el rellano a interpretar el cielo, comienzo a hiperventilar. ¡No puedo creer que Vanessa haga esto! Y justo en ese instante y lugar pienso, "Al carajo todo esto, me voy de aquí". Me iré *taaaan* lejos como pueda de este lugar donde nada cambia.

CAPÍTULO 5

La lava oportunista

Me siento en la clase ansiosa y aburrida.

—Pregúntenme mi nombre, pregúntenme mi nombre —exige el profesor de actuación.

—¿Cómo te llamas? —pregunta un alumno.

El profesor dice su nombre, luego pregunta:

—¿Estoy siendo despectivo, cariñoso o contradictorio?

—Despectivo —responde el alumno.

—No. ¡Fui cariñoso, cariñoso, cariñoso! ¡Estaba siendo cariñoso! Prueben de nuevo, pregúntenme mi nombre.

¡Oh, a quién le importa esto, por el amor de Dios! Estoy cansada de esta interminable clase de actuación que consiste en jugar a adivinar las emociones. Después de cuarenta minutos de esta basura tengo que ir a interpretar una sirvienta judía en una obra que tiene lugar en un internado de niñas en Alemania. Me da gracia que todas las chicas judías tengan papeles de *fräuleins* cristianas alemanas y a mí me toque el papel de ama de llaves.

—Así es como mantenemos el equilibrio social —dice el director inteligentemente.

Afortunada que soy.

Como sirvienta tengo pocos parlamentos, así que me entretengo en los ensayos inventando un juego: cuando recibo una orden de las *fräuleins,* abro la boca como si fuera a contestar y de repente presiono los labios como si hubiera cambiado de idea sobre responder o ellas me interrumpieran. Es divertido, y tontear de esta forma siempre me hace desternillarme de la risa. Incluso hago que se ría a carcajadas mi amiga La Chimenea hasta que se cansa de que la esté desconcentrando y me mira inexpresiva.

Más tarde en clase, en un momento en que el profesor ha salido, peino con la vista la habitación. Melvin está embelesado con una chica pelirroja, rica y hermosa, de nariz ganchuda, tan perfectamente satisfecha con su aspecto que la envidio. Discuten apasionados sobre la letra de "Lucy in the Sky with Diamonds", de los Beatles, convencidos de que la canción se refiere al LSD. A unos asientos de ellos está la protagonista de la obra alemana. Está ensayando sus parlamentos y expresa en su cara de manera tan precisa la secuencia de emociones que puedo saber exactamente en qué escena está trabajando. Creo que ella es la verdadera actriz del grupo, y cuando una semana más tarde el director le dice que debe llorar, y ella lo hace, confirmo que no estaba equivocada en mis sospechas.

¿Y qué hay de mí? ¿Qué más hago aparte de encontrarlo todo divertido y de perseguir chicos, a la vez que pienso que soy más inteligente que ellos? Los profesores de Artes Escénicas no me recomendarán a la universidad porque mis calificaciones son demasiado bajas y soy una actriz sin chispa, pero me han conseguido un trabajo de secretaria en el American National Theather and Academy (ANTA). Quizás solo me estaban preparando para que fuera secretaria. Pero yo no voy a ser una secretaria. Cueste lo que cueste, voy a ir a la universidad.

Me transformo en una lava en movimiento, deslizándome por una colina, buscando y encontrando llenar cada resquicio de oportunidad, expandiéndome con todo mi cuerpo en cada espacio disponible antes de continuar moviéndome. No pienso, no leo los volantes y panfletos sobre qué hacer para obtener una educación superior, pero me muevo sin pensar hacia delante para descubrir y ocupar nichos que me sostengan. La única posibilidad que me queda para entrar a la universidad es mediante una audición. De alguna manera conseguiré el dinero que necesito. Solo sé que lo lograré porque, ¿cómo puede uno detener el flujo de algo que sigue su curso natural? Elijo una escuela en Long Island, otra en Pittsburgh y una tan lejos en el norte del estado de Nueva York que está cerca de Canadá, y voy a la oficina de mi jefa cuando me siento lista, para darle la oportunidad de que me ayude.

—Tengo algunas solicitudes… de matrícula… para la universidad… y ellos piden…

—¿Recomendaciones? Seguro, te preparo una sin ningún problema.

—Gracias…

—¿En la escuela te van a dar una también?

—No… ellos…

No creo que tenga que disculparme. No es mi culpa haber recibido una educación de mala muerte en el Bronx que me hizo quedarme tan rezagada. Así que soy honesta.

—Tengo muy malas notas, por eso AE no me recomendará a ninguna escuela de actuación.

Mi jefa hace una pausa para pensar, y antes de que cambie de idea decido hacer un chiste:

—No sé cómo pude haber sido tan lista en el Bronx y tan tonta en Manhattan —digo.

Ella se ríe, y sé que la tengo de mi lado. En casa me dedico solamente a las solicitudes y escribo los ensayos explicando todo sobre mí. Martin Luther King, Jr. y el movimiento de derechos civiles han hecho que la sociedad cambie y que esté un poco de mi parte, pero ahora me toca a mí esforzarme.

En lo próximo que tengo que pensar es en la audición. ¿Por qué no usar *Street Scene*? Funcionó una vez, ¿por qué no volverlo a intentar? No lo analizo demasiado porque podría perder el impulso. Llega el día y las audiciones se están realizando en el salón de conferencias de un hotel del centro de Manhattan. Llevo puesto un suéter azul que luce alegre y una falda negra, medias largas y zapatos que me dan un aspecto lo suficientemente serio. Al entrar al salón veo unos cuantos profesores sentados detrás de una mesa, pero me concentro en uno en particular porque tiene una cara con rasgos bien definidos y un nombre curioso: Jewel Walker. Me quito los zapatos. ¿Por qué? No estoy segura, solo sé que quedarme descalza es como remangarme la camisa y poner manos a la obra.

Como era de esperar, el monólogo me transporta a otro lugar y estoy tan anegada de pegajosas lágrimas que pierdo el sentido de dónde estoy y termino dándoles la espalda a los profesores. Pestañeo rápido para limpiar mi visión, encuentro mis zapatos y me pongo uno.

—Ven, siéntate y habla con nosotros… —dice Jewel Walker.

Me doy vuelta y voy cojeando hacia ellos.

—Después de que te pongas el otro zapato.

Unos meses más tarde estoy organizando los archivos en ANTA.

—Sonia, ¿puedes pasar a mi oficina un minuto? —me dice mi jefa sonriendo tímidamente.

La sigo mientras me señala una silla. Luego agarra una carta de su escritorio y empieza a bromear.

—Esto es algo que tiene que ver contigo, Sonia. Léela.

Lo hago. Es del jefe del Departamento de Teatro de la Universidad Carnegie Mellon agradeciéndole su carta de recomendación y diciéndole que la escuela está encantada de aceptarme. Y no solo eso, sino que están dispuestos a darme una beca. No puedo creerlo.

—*Congratulations!* —dice mi jefa feliz.

No puedo creerlo.

—Es una gran escuela.

No puedo creerlo.

—Quizás hasta te guste Pittsburgh.

No puedo creerlo.

—¿Quieres un vaso de agua…?

Aurea fue la primera en terminar la secundaria en nuestra familia y ahora yo voy camino a la universidad.

—*Thank you, thank you…* —digo insegura.

—Ahora, no se lo vayas a decir a nadie porque todavía no es oficial. Excepto a tu familia, por supuesto —añade—. ¿Por qué no te tomas el resto de la tarde? Vete a casa y celebra con ellos.

Cuando salgo a la luz del día estoy preocupada de que mi brillo, mi resplandor pueda enceguecer a algunos de los que caminan desprevenidos de un lado a otro de Broadway. Pero la gente ni me mira. De todos modos veo mi reflejo en la vidriera de una de las tiendas "que están cerrando" y pienso que luzco diferente. En la Escuela Preparatoria de Artes Escénicas lo sabrán pronto, y no quiero alardear ni vanagloriarme frente a ellos; el aura de mi estrella es tan resplandeciente que no voy a caer tan bajo. Me olvido de todo en cuanto veo a Ma.

—¡Ma, me aceptaron en la universidad!

—¡Lo lograste!

—¡Sí!

—¿En cuál?

—Carnegie Mellon.

—¿Qué tipo de escuela es esa? —me pregunta.

—Carnegie Mellon University. Voy a estudiar actuación.

—¿Actuación?

—*Yeah*, para ser actriz.

—Maravilloso. ¿Y qué te van a enseñar?

—¡No sé! Cosas de teatro.

—¿Como cantar?

—No.

—*Okay.* ¿Y dónde está?

—En Pittsburgh.

—¡Pittsburgh! ¿Por qué tan lejos?

—Porque allí me aceptaron.

—¡Pero está demasiado lejos!

—Me van a dar una beca.

—¿Una beca?

—Sí…

—¿Y eso por qué? —pregunta Ma.

Le sonrío.

—Sonia…

—*Huh?*

—¿Qué estás pensando…?

—¿En qué estaba pensando? ¡Oh, en nada… solo que estoy feliz!

—*You go, go, and go, baby!*

Al fin libre

—Agarra esa cama —sugiere Pa señalando una cerca de la ventana—. Más aire fresco.

Yay! Después de sacar la cabeza fuera del carro durante cinco horas como un perro ansioso por llegar a alguna parte, estamos en mi nueva escuela en Pittsburgh. Ma y Pa venían en los asientos delanteros tiesos y silenciosos, y yo estoy encantada de que el viaje sea tan largo porque eso significa que voy a vivir realmente lejos de ellos.

Mi dormitorio está en un edificio de ladrillos con un jardín de grandes flores rosadas sembrado alrededor de una entrada circular para carros. El vestíbulo tiene muebles mullidos para sentarse cómodamente a conversar que no logran amortiguar la emoción que siento en mi interior. Me inscribo, corro escaleras arriba y encuentro mi cuarto con Ma y Pa detrás de mí. Ma comienza a llorar en el instante en que cierro la puerta detrás de nosotros, pero no le hago caso. Mi padre parece incómodo, ya sea por las lágrimas de ella o por el aspecto del lugar. No lo sabría decir.

No se van lo suficientemente rápido para mi gusto. Quiero librarme de ellos ya, para poder redefinirme en este lugar. Así que después de un viaje de cinco horas los apuro para que salgan de la habitación y regresen al carro tan pronto como sea posible.

—*Bye*… Yo los llamo… Adiós…

Tan pronto como están fuera de mi vista regreso corriendo para reinventarme en este mundo nuevecito de paquete. Si soy rápida e inteligente puedo convertirme en quien quiera. ¿Quién debería ser? Ya he sido Kitty, la chica de la liga de la serie *Gunsmoke*, la indiecita del sari y la intelectual solemne *beatnik*. ¿Quién puedo ser ahora?

Me decido por el *look* contracultural de los nativos americanos recogiéndome el pelo en dos grandes trenzas, usando una banda de pelo, un collar de sándalo y una blusa de mezclilla. Mi nueva compañera de cuarto llega en medio de mi transformación. Es alta, con el pelo largo y ralo de un color indefinido que no puedo describir. Es la típica universitaria de mocasines, medias hasta la rodilla, faldas plisadas y suéteres ligeros que he visto en las revistas. Extiende su mano y murmura algo ininteligible que me obliga a inclinarme.

—*Huh?*

Susurra de nuevo y ahora puedo descifrarlo.

—Hola, me llamo Sharon. Soy de Columbus, Ohio.

Su voz es susurrante pero puedo sentir su emoción al estrecharle la mano.

—Hola. Soy Sonia, de Nueva York.

Los padres de Sharon aparecen cargados con cajas de libros.

—*Hello* —dicen.

Por educación me hago a un lado pero no puedo despegar los ojos de los libros. ¿De qué son? ¿Por qué traerlos a la escuela? Esto es una universidad, ¿no hay libros aquí ya? ¿Se los habrá leído todos? ¿Se los leerá? En lo que ellos desempacan no sé realmente qué hacer, así que siento alivio cuando terminan.

—Vamos a esperar abajo —dicen.

Sharon me sonríe.

—Bueno, supongo que debo ir a caminar un poco por ahí con ellos... quieren verme en esta gran institución de la enseñanza... —dice antes de salir detrás de ellos.

De súbito extraño a mis padres y corro a la ventana esperando que no se hayan ido aún. ¿No quisiera que ellos me vieran en esta gran institución, también? Pero ya se han marchado y me quedo con la duda.

Después de mirarme por última vez en el espejo salgo a ver el campus, luciendo como Pocahontas.

Afuera me quedo fascinada con un chico rubio muy guapo que me sonríe en el camino hacia el edificio de actuación. Dios mío, creo que es uno de los Beach Boys. Recorro por dentro el edificio de actuación y cuando salgo, ¡todavía está ahí sonriendo! Nunca he conocido a un chico tan tonto y sonriente y atrevido.

—*Hey...* —me dice.

—*Hey...* —le respondo, y antes de que se acabe la semana empezamos a andar juntos todo el tiempo, sentándonos en el césped o lanzándonos un Frisbee. Él está en una fraternidad y usa mocasines y camisas a cuadros. ¡Ja! Me he adaptado a la universidad tan rápido que mi vida anterior queda detrás de mí como si hubiera mudado la piel.

"Esto va a ser un paseo", pienso autosuficiente.

Pero cuando una semana más tarde, el maestro que me hizo la audición, Jewel Walker, me invita a su casa un domingo para un *brunch*, me quedo un poco confundida. ¿Por qué me invita si no lo conozco? Cuando llego, veo que no me ha invitado solo a mí sino que hay también otros dos estudiantes, un rubio y una chica. Nos miramos unos a otros y rápidamente los analizo para ver qué tenemos en común, pero esto no es un club étnico ni una reunión de fracasados; no tenemos nada en común excepto ser estudiantes de actuación. ¡Walker nos sirve avena y tocineta! ¿Avena y tocineta? Que combinación tan loca. Como y espero por que salte la trampa.

No hay ninguna trampa, pero cuando actúo o canto, o incluso cuando escribo en clase siento que estoy en una habitación de espejos con el suelo moviéndose alrededor de mí, sin saber si soy buena o mala, si se están riendo de mí o no. Entonces nos presentan a un importante profesor visitante.

—¿Cómo me llamo? ¿Cómo me llamo? —pregunta.

Es el mismo maestro que tuve en Artes Escénicas, y me pregunto si he avanzado algo, después de todo.

Soy una niñita de nuevo y toda mi familia está sentada alrededor de la mesa de la cocina riendo y contando chistes de cuando eran realmente pobres en Puerto Rico.

—La nena se cayó a través de un hueco en el piso… —se desternilla de la risa tía Iris—. El río de mierda la arrastró…

Todos se ríen.

—Y no había comido en una semana —añade tío Frank.

Esto último hace que todos se doblen de la risa. Me siento nerviosa y azorada. ¿Qué tiene esto de divertido? Entonces mi padre, en unos shorts de boxeador holgados y ridículos se levanta con calma y serenidad y va hasta el horno, de donde saca un reluciente cuchillo caliente. Se sienta de nuevo y comienza a rebanarse el muslo. La sangre que brota espesa hace que todos, tío Eddie y tío Frank con sus esposas, se rían incluso más fuerte. Estoy fascinada por el color de la sangre y cómo cae en gruesas gotas sobre el piso blanco y negro ajedrezado de la cocina, cuando escucho una voz entrecortada y susurrante decir… "Sooonnnia".

—Whaaa—?

—Te llaman por teléfono.

Me despierto, respirando ansiosa y aliviada de ver que estoy en la cama en pijamas en mi dormitorio y que tengo dieciocho años y no soy la niñita del sueño en una cocina del Bronx. El rostro de Sharon entra en foco.

—Te llaman por teléfono —repite.

Miro el reloj y veo que son las 2:00 a.m., y salgo tropezando hacia el pasillo iluminado. Aunque llevamos meses en la escuela, las chicas de la residencia todavía se quedan despiertas toda la noche riendo, conversando, pintándose las uñas y amoldándose el pelo. Mi padre está en la línea, borracho y quejándose por algo. Me sorprende que en ese estado haya podido llamarme, y más sorprendida aún de que piense que puedo ayudarlo en lo que sea que le molesta estando a tantos kilómetros de distancia.

—Pa —le digo.

Lanza una diatriba sobre algo.

—Pero…

No me escucha y continúa. Recuesto la cabeza contra la pared y pongo el auricular sobre mis muslos hasta que escucho una pausa en su monólogo que puedo aprovechar para hablar, pero es imposible interrumpirlo y lo escucho hasta que comienza a cansarse. Me pongo el teléfono en la oreja.

—¡Pa!

—Huh.

—Escucha, ¿estás en la casa…?

—¿Qué?

—Donde quiera que estés, acuéstate a dormir.

Murmura algo y luego escucho un clic. Ya no está en el teléfono. Cuelgo también y regreso tambaleándome a la cama con la esperanza de conciliar el sueño un buen rato, y cuando por fin lo consigo, el chillido de una chica me hace incorporarme alerta de algún peligro y dispuesta a pelear. Me desvelo y ya espero a que amanezca.

Esa mañana voy sonámbula hasta la clase de voz y dicción, me siento en el fondo del aula y observo a Sharon recitar un soneto de Shakespeare mientras intenta proyectar su voz nasal.

—'Shall I compare thee to a summer's day...' — susurra.

—Querida —dice el maestro enfático—. Debes conectarte con tu esencia interior... tu...

Sharon se queda petrificada, niega ligeramente con la cabeza y sale de clase con los ojos llorosos. Siento pena por ella. De regreso al dormitorio se sienta en su cama a leer y me pregunto qué leerá, y si eso la hace sentirse mejor.

—Odio esa clase también —le digo.

Sharon me sonríe tímidamente.

—No importa cuánto me esfuerce... parece que no puedo complacer al profesor...

—Además, ¿quién quiere hablar así? —añado. Por un momento ella y yo tenemos algo en común—. Gracias por avisarme de la llamada anoche —le digo.

Cierra el libro después de insertar un marcador cuidadosamente.

—De nada —susurra—. Estaba despierta. Tú siempre estás hablando dormida —agrega con cuidado—. ¿Con qué sueñas?

Nos quedamos en completo silencio. Realmente no nos hemos hecho amigas en este tiempo, ¿pero por qué no conversar al menos? Así que me río y decido contarle el sueño sobre mi padre rebanándose el muslo. Su mirada de consternada fascinación mientras escucha me anima a querer contarle más, y le cuento también uno en el que mi cabeza es como un calendario. Le cuento, incluso, que cuando pequeña estaba segura de que un periscopio me estaba persiguiendo, ya fuera un sueño o una invención mía.

—Oh... oh... oh...

Eso es todo lo que puede decir.

Sé que nunca ha conocido a nadie como yo, de la misma forma en que yo no he conocido a nadie como ella, pero al menos yo estaba consciente de que existía gente como ella (en revistas, al menos). De pronto, quiero que me conozca y le cuento del farmacéutico que trató de seducirme ofreciéndome crayones, de mi hermana intentando llevarme a la estación de policía después de la paliza de mi padre y sobre la mamá de Edito excavando en busca de oro en su sótano en Brooklyn.

—¿Oro...? ¿En el sótano...?

Ningún recuerdo es demasiado traumático, íntimo o estúpido para ocultarlo, y no me siento avergonzada ni irritada mientras los narro porque se han convertido en historias que les sucedieron a otra persona. Incluso los exagero un poco.

—De hecho, encontró algo interesante.

—¿Qué cosa?

—Varios libros en hebreo de aspecto antiguo y que podrían haber valido una fortuna, pero ella los quemó.

—¿Por qué?

—Por miedo a los espíritus...

Continúo contándole mis historias y disfrutando mezquinamente sacarla de la seguridad y la previsibilidad de su mundo. Seguramente también tengo algunas historias agradables y divertidas para contarle, pero no me viene ninguna a la cabeza.

Con el tiempo encuentro una base sólida en la clase de movimiento escénico de Jewel Walker, donde caminamos kilómetros sin movernos del mismo lugar, o somos halados por perros imaginarios o escalamos muros que no existen. Me aferro a esas clases como una razón para permanecer en la escuela al tiempo que me ayudan a lidiar con las visitas a casa.

Es Navidad en el pantano. Ma y yo esperamos a que suene el teléfono para ver qué vamos a hacer, pero no suena. Nunca hemos tenido que esperar por el teléfono antes. Los parientes y amigos se aparecían de la nada como si hubieran recibido una invitación. Pero ahora la familia está demasiado desperdigada para celebrar las Navidades como solíamos. Tío Eddie está en otra parte del Bronx, tío Frank e Iris están demasiado enredados con Carmen (aliviada de haber cumplido con su deber) y Manny, quienes tienen dos niños, un varón y una hembra. Otra razón por la que ya no nos vamos de parranda de una casa a otra cantando aguinaldos es que es difícil cargar con los amplificadores que mi padre insiste ahora en usar.

Mis hermanos se han hecho amigos de chicos del vecindario y han explorado el pantano que tenemos frente a la casa. El árbol plástico de Navidad que ahora ponemos tiene música de villancicos navideños. Ma revisa el pernil y canta al ritmo de los villancicos del arbolito "*We three kings of Orient are…*". Hasta el pernil de cerdo en el horno luce desolado. El árbol cantarín me crispa los nervios y lo desenchufo.

—¿Qué pasa? —pregunta Ma desde la cocina—. ¿No hay espíritu navideño? ¿Ya nada es igual que antes, no es verdad?

Tiene razón. Añoro los viejos tiempos. Además, ahora sé cantar un aguinaldo y quizás podría haber cantado con mis tíos…

—Llévale este budín a Maya —dice Ma entregándome el budín.

Salgo para la casa de nuestra vecina cubana loca que vive a una cuadra. A medida que me acerco la escucho gritándole a su hijo:

—¡Eres un drogadicto!

Así que me apresuro con la entrega. La he oído otras veces decirle a su hijo que es un *junkie*.

—Felicidades —le digo dejando el budín justo sobre la mesa de la sala junto a la puerta.

En el camino de regreso veo a mi padre caminando hacia mí. Por su manera de caminar se nota que ha estado bebiendo, pero qué demonios, es Navidad.

—Ey, Pa —le digo alegre—. ¿Listo para *Christmas*?

Él intenta concentrarse por un momento, pero de inmediato se vuela como un carbón caliente soplado por una repentina ráfaga de viento.

—¿Quién te crees que eres para hablarme a mí así?

¿Qué? *¿Huh?*

Me empiezan a arder los ojos y le paso por el lado y entro a la casa. Él me sigue y pienso que si hubiera entregado el budín diez minutos antes o después hubiera evitado encontrarme con él, pero no fue así. Mi padre me arrincona en la cocina gritando y peleando acerca de quién debería hacer esto o aquello. Hay una caja de Cheerios sobre la mesa, y mirando la imagen del bol de cereales me imagino nadando en la leche, retozando con un Cheerio como si fuera un salvavidas. Solo la saliva de mi padre que me salpica en la cara me devuelve a la realidad, y decido mirarlo directo a los ojos, de la misma manera abierta y franca de los niños cuando te miran en el tren o el autobús. Eso parece disipar su furia y estoy feliz de haber podido desarmarlo. Cuando mira hacia otro lado es como si me hubiera liberado y subo a mi habitación, pero no me siento como si hubiera ganado algo. Solo sé que estoy demasiado cansada de toda esta mierda y cuento los días hasta que pueda regresar a la escuela.

CAPÍTULO 7

Los escenarios del miedo

—¡Sonia puede hacer ese papel! —anuncia el director—. ¡Sería divertidísimo!

Me han dado el papel de personificar la Paz en la producción de la obra antibélica del antiguo teatro griego *Lisístrata*. Represento a la Paz como una *stripper* medio desnuda, con un casco de plumas, hojas para taparme los pezones y sandalias de gladiador, y me han indicado que salte y me menee por el borde de un escenario inclinado y luego pose triunfante al llegar a la cima. Alguien me da la genial idea de ponerme aceite en el cuerpo. La noche del estreno salto y me meneo como en los ensayos, pero cuando llega la parte de la pose victoriosa, ¡me empiezan a temblar las piernas! ¿Qué demonios me pasa...? Salgo avergonzada del escenario en cuanto cae el telón.

—¡Dios mío! —grita una de las estudiantes con un papel principal al ver una mancha en su vestuario—. ¿Qué es esta mancha? —continúa chillando mirándose los pechos.

—¡Hay manchas por todas partes! —grita otro.

La tensión se extiende como un efecto dominó entre los actores mientras todos revisan horrorizados sus vestuarios con una carga dramática más fuerte que todo lo que ha sucedido en el escenario.

—¡Ay, Dios mío! ¡Mi vestido es de gasa! ¡Está arruinado!

—¡Mi casco está manchado!

—¡Mi armadura tiene una mancha!

—¡Mi túnica se jodió!

—¿De dónde salió esta mierda?

De pronto todos se me quedan mirando.

—Tú…

—¡Ese aceite!

—¡Lo has echado a perder todo!

—Jesucristo… —murmura alguien—, ¡qué irresponsable!

He dejado una mancha de aceite en cada una de las personas que he rozado. Aunque los comentarios son acerca de mí, se hablan entre ellos y siento que me voy poniendo más caliente y furiosa, incapaz de encontrar una brecha, un momento de silencio, para defenderme. No creen que mi versión de la historia valga siquiera la pena de ser escuchada, y me siento rechazada y lanzada lejos como si no fuera nada, mientras ellos se dirigen a los camerinos, lanzando veneno en contra mía.

Al día siguiente me llaman a la oficina del jefe del Departamento de Drama. ¿También me va a criticar por untarme aceite?

—Sonia, debes superar tu nerviosismo en escena.

—¿Mi nerviosismo…?

—Estabas tan nerviosa que estabas temblando.

¿Nerviosa? No eran mis nervios… eran mis músculos. ¿No se dio cuenta?

—¡Cuando llegaste a tu posición final ya el barco había zarpado!

¿El barco había zarpado…? ¿Qué barco? Ay, Dios mío, ¿había una referencia a un barco en la obra y no me di cuenta? Espera un minuto, espera un minuto, un barco que ha zarpado suena a algo positivo. ¿Estará diciendo que hice algo bien?

Jewel Walker me elige para el papel de Cherie, la atormentada cantante de la obra *Bus Stop*, y cuando Cherie canta "That Old Black Magic", Walker se ríe tan fuerte que tiene que acostarse a lo largo sobre los asientos del teatro, y estoy maravillada de haber causado ese efecto en él. Pero cuando nos muestra una película de Charlie Chaplin, es un día en el que todo se me ilumina. ¡Ese hombrecito del cine silente me conquista! Sí, de veras. ¡Dios mío, hace de un pobre judío en la Alemania nazi! ¿Se supone que sea divertido? ¡Pues lo es! Me divierto muchísimo aunque me preocupe lo que la Gestapo le hará al pequeño barbero. ¡Me río incluso cuando interpreta al mismísimo Hitler! La película ha terminado, pero la entiendo, y quiero entender más, estoy obsesionada con el pequeño vagabundo y las cosas que puede hacer físicamente. Me levanto temprano y voy al estudio de movimiento escénico a practicar saltos, tropezar con las paredes, giros, volteretas y caídas de fondillo. Aislar mi cabeza de mi tórax, de mi sección media, de mi trasero, se convierte en un trabajo a tiempo completo. Incluso intento hacer flotar la cabeza imperceptiblemente sobre el cuello. Comienzo a usar pantalones abombados y hasta casi deseo tener bigote. Consigo un libro sobre Chaplin y me siento estimulada de que su infancia fuese incluso más miserable que la de Ma, y mucho peor aún quizás porque tenía que luchar contra el frío.

De regreso a casa ese verano, entusiasmada por mi descubrimiento de Chaplin, salgo a buscar trabajo. Consigo uno de bailarina de *go-go* en el *meatpacking district* de la calle 14 en el Lower West Side, pero eso no es lo que le digo a Ma. Como el horario es de mediodía hasta las cuatro me basta con decirle que voy a trabajar de camarera.

Con mi libro de Chaplin bajo el brazo me aparezco a las 11:00 a.m. La barra es larga y oscura con solo unos pocos clientes comiéndose con los ojos a una chica que está bailando en la pequeña plataforma. Inmediatamente me doy cuenta de que la ropa que traigo no es la apropiada para bailar. La chica lleva unos cubrepezones y la pieza inferior de un bikini brillante. Yo tengo unas mallas de bailarina debajo de mis jeans de pata acampanada. Miro a la muchacha detenidamente. Tiene la piel pálida, el pelo rojo esponjoso, pero tiene algo raro en la cara. Me toma un rato darme cuenta de que le faltan algunos dientes. El cantinero me dice que voy a bailar por turnos de veinte minutos. Cuando me toca, me quito los pantalones y los doblo cuidadosamente y los pongo en una esquina del escenario junto a mi bolso de macramé hindú y mi biografía de Charlie Chaplin, me subo en la plataforma y espero a que comience la música. Pero no comienza.

—Tienes que poner tu propia música, mi hermana —grita el cantinero.

Bajo del escenario esperando que me dé algunas monedas para la vitrola.

—Y tienes que usar tu propio dinero —agrega.

Saco un dólar y lo cambio en menudo. Luego selecciono algunas canciones en la vitrola. En ese momento hay en el bar cuatro o cinco carniceros con sus delantales blancos ensangrentados comiendo sándwiches de rosbif. Bailo por veinte minutos imaginándome que soy Chaplin en *The Rink* y tratando de llegar tan cerca del borde del escenario como sea posible sin mirar para abajo. Cuando se acaba el tiempo recojo mis cosas y me voy al baño porque estoy desesperada por seguir leyendo el libro de Chaplin. Apenas me estoy concentrando cuando tocan a la puerta.

—¡Ey, no puedes sentarte aquí en tu descanso!

Es el cantinero.

—¡Tienes que sentarte en la barra!

¿Cómo?

"*Okay*", pienso.

En cuanto me siento en el bar el cantinero me señala para un hombre y me dice que el tipo me quiere invitar a un trago. Antes de que pueda responder sí o no, tengo un trago frente a mí. Lo pruebo y es un té suave. El hombre se sienta a mi lado. Pongo la biografía de Chaplin en el espacio entre nosotros como un escudo o como algo sobre lo que podemos hablar. Es joven y de ojos azules y se pasa todo el tiempo halándose el bigote con la cabeza ligeramente inclinada. Me pregunto si su trago sabrá a té también.

—¿Te gusta Charlie Chaplin? —le pregunto sosteniendo el libro.

Se hala el bigote pero no dice nada. La bailarina desdentada y yo somos las únicas chicas en un bar que ya a esa hora se ha llenado de hombres. Entra un tipo que podría ser mi padre. La bailarina desdentada revolotea hacia él, le da una palmadita en la espalda y le sonríe como si fueran viejos amigos. Le hace una seña al cantinero de que le sirva dos tragos y veo que el de ella sale de la misma vasija que el mío.

—Otro trago para todos —anuncia de repente la Desdentada.

—*Yay!* —celebran los hombres de la barra.

El hombre latino se ruboriza y sonríe. Unos minutos después hay otro brindis y el cantinero sirve más tragos y a nosotras las mujeres más té aguado.

Es hora de que baile de nuevo.

Cuando bajo de la plataforma, a las 3:00 p.m., el hombrecito apenas se puede sostener y sé que ya no le queda ni un centavo porque la Desdentada lo acompaña a la puerta y le da unas palmaditas de despedida en la espalda. Poco después todos se van y el bar se queda vacío. Estoy recogiendo mi ropa al final del día para irme cuando la bailarina desdentada se me acerca.

—Me llamo Doreen… —dice sonriendo.

—Hola… —le digo.

No he conocido a nadie como ella, así que tengo curiosidad.

—Sabes una cosa, podrías ganar muchísimo dinero si quisieras… Quiero.

—Voy *uptown* a ver a mi agente, ¿quieres venir?

Me sorprende saber que tiene un agente, así que la acompaño a un edificio viejo por la calle 40. Es el tipo de edificio en el que nunca te fijarías a no ser que tuvieras que buscarlo, con el interior deteriorado y la pintura de las paredes descascarada. Subimos en un elevador destartalado hasta la cuarta planta, donde está la oficina de su agente, que al parecer también funciona como una tienda de lencería. Hay sostenes y bragas y cubrepezones brillantes desbordándose fuera de las cajas amontonadas por todo el lugar. El agente está sentado en un escritorio de otro siglo con un cigarro baboso pegado en la boca y los diez o doce pelos que le quedan en la cabeza aplastados desde una oreja hasta la otra.

—Ey, Doreen —dice despectivo, con los ojos brillándole al verla.

—Esta es mi amiga Sonia. Está interesada en trabajar si puedes conseguirle algo…

Me mira de arriba a abajo.

—Puedo conseguirle algo, con el vestuario adecuado…

A medida que se incorpora para levantarse comienzo a retroceder, y cuando llego a la puerta me doy vuelta y me lanzo escaleras abajo para escapar de allí tan rápido como pueda.

Al día siguiente consigo un trabajo friendo papas en Jack in the Box y convenzo al dueño para que me deje disfrazarme de payaso para recibir a los clientes.

CAPÍTULO 8

Poder negro

Por todas partes se habla de la libertad, pero ¿quién es libre y quién no?

—Siento pena por mi madre que nunca tuvo la oportunidad de trabajar —escucho que alguien dice en la cafetería de la escuela.

Un recuerdo agridulce se despierta. Tengo siete años y estoy cansada de que mi madre sea la única en todo el barrio que trabaja afuera.

—Ey, Ma, ¿por qué es que tú trabajas? ¿No quieres quedarte en casa con nosotros como las otras mamás?

Me agarra entre sus brazos y me sube a la cama.

—¿Estás loca? *AveMaríaPurísima*. Ya quisiera yo quedarme en la casa con ustedes… Nada me gustaría más, pero si no trabajo no tenemos dinero suficiente para vivir.

Y ahora en la escuela tengo que escuchar a las chicas hablar de feminismo y cómo a sus madres no les permitieron vivir plenamente y desarrollar su potencial. ¡Por favor!

Viendo a las chicas de mi mesa jugar con desgano con la comida me lanza al Bronx una vez más, y veo a Ma haciendo malabares para preparar ocho sándwiches… ¡con una sola lata de atún! De repente necesito estar junto a otra gente que tenga que ver más conmigo. Aretha Franklin viene de inmediato al rescate, me recuesto en la vitrola y pongo sus canciones hasta el cansancio.

Pero luego hago algo mejor. Termino saliendo con un chico de Pittsburgh que es estudiante cuando no está preso por robar. Él me lleva a Homewood, un gueto de Pittsburgh, donde me siento más en casa. Homewood es un gueto como el que nunca he visto en mi vida, con casas privadas, céspedes y barbacoas en el patio.

Me caen bien sus amigos. Uno de ellos es barbero, y tiene una novia y una niña recién nacida. Viven en una casita y, al parecer, todo el vecindario, desde las ancianas hasta los niños, adoran a la nena, porque todos los visitan para tener la oportunidad de levantar en el aire a la pequeña Nikki y mirarla con amor, tanto amor, como si fuera el niño Jesús. La madre de Nikki, una chica de mi misma edad, está irritada todo el tiempo, especialmente con el barbero. No me explico por qué está tan enojada con él. El barbero parece tan dulce; siempre sonriente cuando no se está cayendo del cansancio por los dos trabajos que tiene. Entre ser barbero por el día y chofer de un taxi por la noche me imagino que este tipo difícilmente descansa. Sin embargo, la joven madre está furiosa porque lo que él hace no le parece suficiente.

Una noche mi novio y yo salimos en pareja con ellos. Nos encontramos en un bar a tomarnos unos brandis de melocotón y leche antes de ir a la casa de los padres de mi novio a cenar. Estoy sorprendida de que la madre de mi novio sea doctora y su padre abogado. El mundo tiene que estar virado al revés para que una doctora y un abogado tengan por hijo a un estudiante universitario que al mismo tiempo es un ladrón, ¿no es cierto? Su madre nos sirve pollo, y sin ver las cajas puedo asegurar que es de Kentucky Fried, lo que significa que ella ha organizado esta cena bajo coacción. ¡Entonces noto que le tiene un poco de miedo a mi novio! ¿Por qué le teme a su hijo? Es cierto que mi novio parece un poco chiflado, pero él me ha dicho que en realidad se hace el loco para no terminar siendo el "novio" de alguien cuando cae preso.

Al terminar la cena, el pobre barbero se queda rendido, haciendo que su novia, ya de por sí furiosa, se ponga desquiciada de la indignación. ¿Cómo terminará esto?

Tengo un pie en Homewood y el otro en la escuela, pero de repente siento que me debo dejar crecer un tercer pie para ponerlo en Nueva York, donde un montón de jóvenes puertorriqueños, llamados los Young Lords, ocuparon la iglesia que está justo al cruzar la calle frente a la casa de mi abuela. Toda esta discusión sobre la libertad me hace recordarlos. Eran militantes indignados que querían repartir desayunos gratis a los niños pobres, igual que hacían los Panteras Negras en California. Les daban candela a los latones de basura. Mi cuñado Bill decía que eran estúpidos, destrozando su propio barrio más de lo que estaba, que deberían destrozar un barrio de ricos. Mientras que mi tío Ángel decía "Rufianes. Mira lo que le han hecho al barrio, como si la mugre de antes no fuera suficiente".

Pero lo que más me viene a la mente es que estos Young Lords también decían que debíamos sentirnos orgullosos de ser puertorriqueños. ¿Se estarían refiriendo a mi familia también? ¿Se supone que me debe gustar el "machismo" y dejar que mi esposo me tire cocos por la cabeza cuando quiera?

Estoy deslizándome y resbalando entre estos tres mundos cuando mi novio presidiario y estudiante de Homewood comienza a decirme qué hacer y hasta cómo vestirme. Le digo que vaya y se lance en el lago y que primero muerta, y él se enfurece tanto que me empuja, haciéndome rebotar contra la cerca junto a la que estamos parados. Mientras reboto, la antigua furia ciega se apodera de mí y le devuelvo el golpe con una fuerza que me sube por los dedos de los pies y que pasa arrasadora por mis brazos y por mis puños hasta llegar a su cara. Lo último que veo antes de conectar con su nariz son sus bellos ojos pardos desorbitados de la sorpresa.

Cuando el mundo se presenta nuevamente ante mis ojos y veo la cerca y el camino y otros estudiantes, en vez de una cortina roja, mi novio me está acompañando a la residencia, supongo que contento de deshacerse de mí.

Pero me quedo furiosa. Y la furia se convierte en mi compañera, se sienta sobre mi hombro todo el tiempo, entrando a la habitación antes que yo.

Al día siguiente me escurro para leer los anuncios en el salón de actos del Departamento de Drama y me siento irritada de que me hayan asignado a una obra. ¿Por qué estoy irritada? ¿No vine acaso a esta escuela para ser actriz?

Sigo leyendo y veo que la obra se llama *Godspell*, e intento adivinar qué demonios significa. La obra va a ser desarrollada por los actores. ¡Anjá! Sabía que iba a ser algo así. ¡La razón por la que estoy es porque no ha sido creada aún! Perfecto. Tengo un papel en una obra que no existe. Tendría que haberlo sabido.

¿Por qué no puedo estar en el reparto de una obra sobre la vida en Estados Unidos? Respondo con tristeza mi propia pregunta: Porque los 'hispanos' como yo no somos parte de 'la vida americana', por lo menos hasta donde puedo atestiguarlo. No puedo estar en obras como *Our Town* porque nosotros no vivimos en *"our towns"*, nosotros vivimos en *"our barrios"*, vecindarios secretos de los que nadie sabe excepto nosotros.

Decido buscar una taza de café y escuchar a Aretha Franklin en la cafetería, pero inesperadamente una fría tormenta me obliga a refugiarme en el local del sindicato estudiantil. Doblemente molesta ahora, porque estoy mojada y helada, me siento y me quedo mirando la televisión. Algo en la pantalla me llama la atención. Es mi actor favorito, Burt Lancaster, ahora viejo, contando del uno al diez mientras los números parpadean sobre su cabeza. Después hay un dibujo animado surrealista al ritmo de una canción cantada por una voz de *rock and roll* que no puedo identificar. Me quedo y observo hasta que aparece el adorable actor James Earl Jones y me deja pasmada recitando el alfabeto de una manera extraña mientras las letras parpadean sobre su cabeza. Creo que estoy viendo un programa para enseñar a leer los labios.

Pero lo que realmente me sorprende es la escena de la calle representada porque me recuerda a todos los barrios en los que he vivido.

Entonces aparece una bella pareja de negros. Él es la hermosura personificada y con bigote. Ella tiene una sonrisa que se prolonga por millas. Me sorprende darme cuenta de que en todos los años en que vi televisión en el sur del Bronx casi nunca vi una pareja de color. Pero los estoy viendo ahora, en un programa llamado *Sesame Street*.

CAPÍTULO 9

Godspell

En el primer ensayo de esta obra sin guión, cinco chicas y cinco chicos disfrazados de payasos representan escenas bíblicas en un lugar cerrado con cercas de malla, como si fuera un patio escolar. Todos reímos y bromeamos y el director no nos dirige para nada excepto para decirnos que representemos las historias de la manera que queramos. Me gusta estar fastidiando en el escenario. Finalmente metemos al payaso principal, Jesús, dentro de una caja, le estiramos los brazos y se los atamos a la cerca con cintas rojas. Cuando nuestro Jesús se lamenta, "Oh Dios, estoy reventado", regreso en el tiempo al Bronx, con el padre Fitzgerald, de sotana y ojos tristes, y la iglesia, pero me llama la atención que en todo el catecismo que soporté nunca hubiera escuchado ninguna de estas entretenidas historias, excepto una sobre Cristo y María Magdalena, la puta. Durante el ensayo se hace un intercambio entre un músico de *blues* y un *hippie*. El espectáculo necesita algo de *rock and roll* y el director recluta una familia de hermanos pelirrojos de su pueblo que componen *rock* con letras de himnos y de los que todo el mundo ha escuchado hablar menos yo.

Mi vestuario consiste en un vestido, una banda de pelo con una pluma incrustada y un sostén de flecos puesto por encima de la ropa. La noche del estreno me siento libre y suelta y feliz de haber encontrado un juguete en mi bolsillo dejado por el diseñador de vestuario. Se trata de una de esas cornetas de fiesta que pitan y se desenrollan cuando las soplas. Miro a mi alrededor y descubro que todos tenemos juguetes en nuestros bolsillos con los que podemos improvisar durante la función. Y con el componente final en su lugar, los espectadores, sucede un milagro. Se ríen con todo lo que hacemos.

Es el final de nuestra primera presentación. Estoy con mi colega Robin Lamont, una chica rubia, siempre dulce, amable y que me parece auténtica. Suele ponerse una camiseta de hombre blanca y unos jeans raídos, pero ahora, igual que yo, tiene un disfraz de payaso. Nos miramos y nos echamos una en los brazos de la otra sorprendidas por los sentimientos que la obra despierta en la audiencia y en nosotros. Mi mente está inundada de ideas y conexiones. ¡Mientras más fuerte se ría el público más tristeza sentirán al final! ¡Para darse cuenta de la desesperación solo hay que bromear sobre el tema!

Lo más genial es que funciona mejor de lo esperado, cuatro actuaciones en la universidad, el director diciéndonos que va a llevar la obra a Nueva York, ¿que quién quiere venir? Aprovecho la oportunidad, y Robin también, y antes de que nos demos cuenta, estamos en un teatrito mugriento del Lower East Side. Alumnos recién graduados de Carnegie Mellon que más o menos conocía se nos unen. Una es una bella chica de pelo largo rojo cuya seguridad he envidiado las pocas veces que nos cruzamos en la escuela.

¡Ensayo! ¡Actuación! ¿Estoy volando? ¡Creo que sí! Mis pies no tocan el suelo. ¡Debo de estar volando! Espera, ¿estoy desnuda? Sí... y no... Me siento desnuda y atrevida a pesar de que tengo ropa de payaso. Miro al público y pienso:

"¡Ey, no se les ocurra no mirarme, cabrones!"

Después de la última actuación nos quedamos para una reunión con productores y compositores y noto un drama de la vida real desarrollándose justo delante de mí: el director agarrado de la mano de su pareja para sentirse más seguro y el desencanto en las caras de los actores que serán reemplazados. Sé que estoy en el equipo triunfador, y a pesar de que no sé por qué, no me siento sorprendida de no estar aterrada.

Los viejos y los nuevos miembros del elenco se ponen de acuerdo para darle al nuevo compositor tanto problema como sea posible. ¡Queremos confusión en el escenario! ¡Esto se trata de espontaneidad y locura! Estamos incluso irritados por la insistencia de los productores de asistir a los ensayos.

—¿Por qué no pueden esperar a la noche del estreno para que vean el espectáculo como todo el mundo? —dice nuestro nuevo Jesús.

Me dan una canción sensual que debo cantarle directamente al público. El tipo de cosas con las que he estado flirteando y haciendo en la obra antes de que tuviéramos música real pero, ¿podré cantar? ¡No! ¡Pero puedo fingir que canto, y eso es lo que hago!

Después del ensayo todo el reparto visita el *brownstone* de los padres de Robin en Brooklyn Heights. Estoy en *shock* de tanta belleza, con un salón de recreación en la primera planta, un salón con un piano de media cola en el segundo, salas de estar con hermosos sofás y sillas, un patio adorable, e incluso, una terraza afuera de la habitación de sus padres. Nunca en mi vida he visto tanto lujo, ni siquiera en la casa del antiguo jefe de mi padre. Todos pasamos tiempo aquí, a veces incluso nos quedamos a dormir, y un día estoy esperando a que Robin salga de la ducha y me fijo en la forma en la que se viste: camisetas de hombre blancas, pantalones militares, cinturón de macramé tejido a mano, sandalias de material barato, justo de la misma manera que se viste en la escuela.

—¿Cómo es posible que nunca me hayas dicho que eras rica, Robin?

—*Huh?*

Se ríe y procede a secarse la larga cabellera rubia sacudiendo la cabeza hacia atrás y hacia delante con tanta fuerza que me parece escuchar su cerebro sonar. El elenco se vuelve inseparable en su casa y muchos se mudan a vivir allí mientras ensayamos, pero, ¿cómo decirles a mis padres que quiero hacer lo mismo?

—Estoy trabajando en una obra —le digo a Ma como por casualidad.

—¿Qué, qué? —pregunta mi madre.

—Es parte del trabajo escolar que tengo que hacer…

—Pero, ¿vas a regresar a la escuela?

—No tengo que estar en Pittsburgh para estar en la escuela. Esto es parte de la escuela. Ellos van a pasarme de curso de todos modos.

—Oh…

Luego le digo a mi padre.

—Voy a quedarme en *downtown* en casa de unos amigos…

—¿Qué?

—Para así estar más cerca del trabajo…

—Oh…

—Es menos peligroso que estar viajando todo el tiempo…

—Ajá…

Tan simple como eso. Les podría haber dicho que me iba a vivir con siete enanos y hubieran dicho "*Okay*". ¿Y por qué no iban a hacerlo, en realidad? Estoy muy entusiasmada con los ensayos y quiero dejar detrás a mi familia con sus aburridos problemas. Olvidarlos. Querer compartir la experiencia de *Godspell* con ellos sería tan absurdo como fumarme un pito de marihuana con mi abuela.

Me siento endiabladamente eufórica en los ensayos, como si hubiese tomado drogas, en un estado mental que no he experimentado antes. Emocionada, serena y alerta de que algo suceda, aunque ni siquiera sé qué pueda ser. Recibo información como una planta, por ósmosis. Hago conexiones inconscientes entre coreografía, armonías y gags. Mi mente está llena de todos los pensamientos que alguna vez he tenido, aunque específicamente no piense en nada. Encuentro la manera de hacer cosas en los ensayos mientras me pregunto cómo es posible que se me haya ocurrido esa solución. Todo parece suceder de manera natural. Por las noches, mi mente está llena de preguntas inarticuladas.

—Sonia…

Es Robin llamándome incrédula una noche durante la cena en que me he desplomado del sueño con un sándwich en la boca.

Pero tengo que dormir de un tirón para poder ordenar las ideas mientras duermo. Empiezo a saber cuándo las nociones adquieren una claridad intuitiva, y la mejor manera de actuar se me revela sin que requiera de ningún esfuerzo propio.

Cada noche entro desde la parte de atrás del teatro cantando de manera almibarada y sensual a lo Mae West. Un hombre busca en su programa, y me le planto justo en su cara y le digo, "No está en el programa…". Veo un sacerdote y allá voy, "Tiene el cuello al revés, padre", y me siento perversamente satisfecha cuando, sólo por un instante, se deja llevar por el impulso de ajustárselo. Amo rasgar las máscaras de la gente y ponerla en aprietos.

Expando mi parte durante la puesta. De repente me estoy quitando sensualmente unas medias deportivas como si fueran medias *panties*, o montada a horcajadas sobre una cerca de tela metálica y haciéndola vibrar de arriba abajo como una *stripper* con una cortina.

Mi madre, mi hermana y mis hermanos vienen a ver *Godspell* al menos una vez, no como los padres de Robin y sus amigos que vienen varias veces durante la semana. Pero el teatro es algo extraño y caro y complicado de entender para mi familia, y la historia de Jesucristo contada por payasos es demasiado extravagante para que Ma la pueda soportar, y además me hace sentir incómoda que me dé alegría verles las espaldas cuando van de regreso camino al tren después de la obra.

Edito también viene a verme. Tiene una expresión ansiosa, ojos de búho tras las gafas de aviador y una mata de rizos que brotan de la cabeza, y me acuerdo de las peleas entre él y su padre por el largo del pelo. Pero, ¿por qué sigue viviendo con sus padres? ¿Acaso no quiere volar alto y alejarse de la familia como yo? Esa noche actúo fenomenal.

—¡Cantaste un tono más bajo! —me fastidia.

—¡No es cierto!

—¡Claro que sí! ¿Me lo vas a discutir a mí?

Por supuesto que no se lo puedo discutir. A estas alturas es un músico profesional reconocido que toca con grandes como Mongo Santamaría y Gato Barbieri. No sé si canté un tono más bajo o no, pero pienso que estuve bien, y sé que él también lo piensa. Pero, ¿cómo puedo compartir más con él? Es parte del viejo mundo del que quiero escapar. Su lealtad a su madre, Bombón, y su cercanía física a la casa son suficiente prueba.

No lo retengo cuando viene porque estoy superansiosa por volver a irnos de bares, y luego llegar más tarde a casa de Robin con toda la *troupe*, a beber té Constant Comment, fumar y escuchar música. Además, ¿a quién le importa cualquier cosa que haya pasado antes de *Godspell*? Por lo menos no a mí. ¡Ja, ja! Me he liberado para poder hacer cualquier cosa que quiera hacer. La obra es exitosa, yo soy exitosa y no necesito que nadie me lo diga.

Nadie ha organizado las salidas a escena después de la función. Los actores salen o no según deseen y como estoy tan agotada después de cada presentación nunca salgo a recibir los aplausos. Una noche, la bella actriz pelirroja de cabello largo se dirige a mí.

—¡Es responsabilidad de los actores salir a escena después de la función! —me dice en voz alta delante de todos los demás.

El demonio de la ira que descansa sobre mis hombros ve la oportunidad para despertarse y morder. Antes de que pueda controlarlo, me ha clavado sus largas y afiladas garras en mi espalda y me está empujando hacia adelante para que ataque. Bombillas blancas explotan en mi cabeza.

—¡Vete a la mierda, perra quisquillosa! —le digo.

—¿No tienes nada mejor que decir? ¡Qué falta de profesionalismo! —replica.

La cabeza me da vueltas cuando le grito:

—*Fuck you!*

Me siento dividida y aterrada de poder ver mi horrible comportamiento como si flotara por encima de todo; sin embargo, no puedo hacer nada para detenerlo. Esta nueva ira se me pega como napalm y sigue quemando a través de mi piel durante varios días.

Más tarde, en el escenario, durante una canción, la chica trata de sonreírme y hacer las paces, pero cuando intento devolverle la sonrisa la ira está tan fresca aún que no me lo permite. Esta rabia latente se convierte en mi estado de ser. Incluso uno de los productores se da cuenta.

—¿Tú piensas que si sonríes te vas a morir? —me dice en más de una ocasión.

Me siento hasta incómoda de que me elijan para una entrevista, y cuando el periodista me pregunta si alguna vez me he sentido en peligro, le contesto malhumorada:

—Sí, cada vez que voy a casa a cenar.

CAPÍTULO 10

Un final infeliz

Cuando la obra se convierte en un espectáculo regular en otro teatro, llega el momento de marcharse de casa de Robin y buscar nuestros propios lugares donde vivir. Encuentro un apartamento de un cuarto en la calle 81 del oeste. Mientras compro té Constant Comment y germen de trigo y yogurt y queso Brie y toda esa nueva comida que aprendí a comer en casa de Robin, pienso en Vanessa y me pregunto qué estará haciendo además de tener una bebita, que estoy segura de que luce como ella, de la misma manera que ella se parece a su madre y a su abuela. Con ellas es como si ningún hombre hubiera tenido algo que ver con sus existencias, como si hubieran brotado una de otra. Probablemente Vanessa le está haciendo a su hija lo mismo que su madre le hizo a ella. No quiero verlo. Aunque estoy a solo veinte minutos del Bronx, mi vida parece estar a años luz de distancia. De todos modos, este apartamento hubiera sido el lugar perfecto para nosotras, y no puedo evitar sentir pena de que no haya podido ser.

Una noche después de actuar, un agente me deja su tarjeta en los camerinos. Lo llamo y voy a verlo sin saber qué esperar. Es un hombre bastante agradable y me dice que necesito retratos para mi portafolio.

—¿Qué cosa es eso? —le pregunto.

—Fotos estándar de actor. Retratos.

Me da el nombre de un fotógrafo, y la noche antes de la sesión trato de imaginarme quién debo ser en las fotos. Estoy segura de que mi pelo le dirá al mundo quién y qué soy. Si me lo dejo al natural me van a ver como a una negra, si me lo estiro me van a ver como... ¿cómo qué? Decido dejármelo al natural y hasta rehúso maquillarme el día de la sesión, pero al final, termino pareciéndome a una niña de catorce años.

Esa noche, veo a una niña durante la obra que siempre tuvo una visión clara de lo que quería. Participó en obras de verano, exhibiciones y todo lo demás, siempre persiguiendo una meta. Yo nunca perseguí algo, sino "que huí de las cosas", y ahora me encuentro paralizada, mirando a mi alrededor y tratando de averiguar cómo llegué hasta aquí.

Le entrego las fotos al agente sin esperanza de que me llame, pero lo hace y voy a audiciones, que empiezo a odiar como a nada en la vida. Es imposible repetir en una audición lo que hago en el escenario por la noche.

Los productores y directores a menudo quieren que tenga acento boricua, y aunque puedo cuando estoy con mi familia, me da vergüenza hacerlo en público. O me ofrecen papeles de chicas negras con parlamentos ingeniosos, cuando las chicas negras ocurrentes de verdad son mucho mejores en eso. ¿Por qué no puedo ser simplemente yo misma? ¿Es esto lo que quiero? ¿Estar dando vueltas frente a un grupo de gente pensando *elígeme, elígeme, elígeme*, para luego sentirme mal cuando no me escogen a pesar de que, en primer lugar, ni siquiera estoy segura de querer ser seleccionada? No sé qué hacer. ¿En qué me he metido? Pasan los meses sin conseguir ningún trabajo y siento que estoy defraudando a mi agente.

Llega la Navidad de nuevo y me entretengo decorando el arbolito en mi nuevo apartamento, pero me da nostalgia por ver los adornos que hice tiempo atrás en el Bronx, así que voy a casa por Nochebuena. Mi hermana y su esposo, Bill, también vienen. Comemos y cuando se va haciendo tarde y mi padre no llega nos preparamos para la violencia, pero luego nos sorprendemos inexplicablemente cuando ocurre. Pa llega a casa como si hubiera caído en la tierra desde otro planeta. Sus ropas están sucias porque salió directo a beber desde el trabajo, y cuando sus ojos no se enfocan me doy cuenta de que no nos reconoce, de nuevo.

Rápidamente, corre hacia la cocina, escupiendo palabras incoherentes de odio acerca de algo que posiblemente ocurrió hace veinte años, cuando él y Ma vivían en First Avenue. Al encontrar a su objetivo, mi madre, se las arregla para arrancar el teléfono de la pared y golpearla con él en la cabeza.

Logramos controlarlo de alguna manera… quizás Bill lo logra, pero en ese momento algo me viene a la mente y me doy cuenta de que con todos los años que hemos pasado por esto nunca he entendido el motivo de su odio. Con este pensamiento fijo me separo del grupo y siento que estoy flotando sobre ellos, de la misma manera en que me imagino a la madre de mi madre, Encarnación Falcón, flotando sobre su hijo muerto en el Puerto Rico de 1926. Miro desde arriba a mi familia pensando que esto no sucederá nunca más. No soy una niña, tengo veinte años, he estado en la universidad y tengo un trabajo real en una producción off-Broadway que la gente paga dinero para ver. Hasta he aparecido en los periódicos.

"Esto no puede continuar", me digo.

Camino cinco cuadras a través de la nieve para encontrar un teléfono público y llamar a la policía, y luego regreso a esperar por ella, sin estar segura de lo que van a hacer, pero segura de que si no hago algo voy a perder a mi madre, si no es hoy, otro día cualquiera cuando no esté aquí para protegerla, porque, al final uno de sus golpes acertará exactamente en el lugar que va a acabar con su vida y al día siguiente él ni siquiera sabrá lo que pasó. De eso sí estoy segura.

La policía llega en lo que Joe y Petey y yo recogemos los regalos de Navidad y llaman a un taxi que nos lleve a todos hasta mi apartamento en Manhattan, donde nos sentamos a abrir sin ningún entusiasmo nuestros regalos en esa penosa noche navideña. "Feliz Navidad", nos decimos unos a otros con palabras vacías, mientras yo miro continuamente hacia mi madre con preocupación. ¿Cómo podíamos compartir chistes y canciones y cuentos y chismes y ella no ver que la violencia ha sido la fuerza motriz detrás de cada decisión que hemos tomado? ¿Cómo puedo buscar la aprobación y desear las manos tibias en mi cara de alguien que ha dejado que nuestra situación llegue tan lejos por el camino de la maldad? Veo a la persona completa, pero con un gran hueco negro en el centro que no puedo entender.

Mis colegas de *Godspell* son los únicos que conozco a los que puedo pedirles ayuda. Sé que hay algunos abogados involucrados en el negocio del entretenimiento y mi madre necesita uno.

—No somos el tipo de abogado que tu madre necesita —dicen respetuosos—. Nosotros nos ocupamos de asuntos legales relacionados con los negocios.

—¿Cuál es la diferencia?

"Un abogado es un abogado", pienso.

—Ella necesita un abogado de divorcio. Podemos recomendarte alguno.

Me encuentran un abogado y me siento como un cruzado, una mujer con una misión, una sola fuerza guiándome: la separación de mis padres. En el único momento en que me desvío de mi meta es cuando estoy en el escenario por la noche. Cuando estoy allí soy otra persona con todo el poder del mundo y lo ejerzo de manera absoluta. Pero fuera del escenario le insisto a mi madre. Mi padre no quiere irse de la casa, así que obligo a mi madre y a mis hermanos a buscar un apartamento. Ellos encuentran uno en un vecindario italiano poco acogedor.

—Solo por un tiempo, Ma —le digo—. El juez te va a dar la casa.

Paso por alto con terquedad que se ve horrible, incluso peor que cuando papá le pegaba. Sus golpes desfiguran y lastiman su piel y sus huesos, pero el dolor que ella siente ahora irradia desde sus entrañas, cegándome. Echo a un lado la idea de que he sido yo la que ha causado ese dolor, pero una parte de mí no entiende por qué ella no está eufórica, feliz, como esas mujeres del programa de televisión *Queen for a Day* cuando son premiadas con una lavadora y una secadora, agradecidas de que se les recompense por sus años de miseria. A pesar de que ella continúa inmóvil, adormecida por una sumisión pasiva, robótica, sigo impulsando mi plan para salvarla.

—No creo que tu madre quiera continuar con esto —me confiesa el abogado.

Pero sus palabras rebotan en mí como la lluvia sobre un impermeable nuevo. No puedo detenerme, de la misma manera que no puedo parar una avalancha o un proyectil con mis manos. Esta es mi misión, si no, ¿qué significado tendría todo lo demás? Y vivieron felices para siempre es siempre el final correcto.

En el tribunal mi madre y mi padre se sientan separados, cada uno con su respectivo abogado, pero me siento como si yo fuera un tercero en discordia, ¡y ellos un equipo contra mí!

—¿Con el teléfono…? —pregunta el juez.

—Sí —le respondo—. Él le pegó con el teléfono.

Mi testimonio es breve y rápido, y me siento como la niñita sentada en un gran butacón en la casa del jefe de mi padre hace tantos años atrás que tengo que recordarme a mí misma que ya no soy una niña. Sin embargo, miro de súbito mi ropa. Dios mío, ¿olvidé quitarme mi vestuario de *Godspell*? ¿Tengo puesto un traje de payaso en la corte? ¡No! ¡No es cierto! Estoy vestida de la manera en que se visten los adultos y me reconforta el hecho de escuchar que el juez declara a mis padres divorciados. Es entonces cuando veo a mi padre tropezar como si se hubiera golpeado duro, y creo que veo el corazón de mi madre salírsele por él.

—¡Ma, lo logramos! —le digo cuando todo ha acabado, afuera del tribunal.

Pero ella mira hacia otra parte, ni alegre ni agradecida como pensé que estaría. Pasan los meses y ella no hace nada para quedarse con la casa del pantano, pese a que a mis hermanos les dan palizas los niños italianos del barrio en el que ahora viven, y a que yo le insisto y le sigo insistiendo durante el resto del invierno y hasta la primavera.

Ese mes de junio estoy en una sesión fotográfica para el *New York Times*. Estoy posando con mis crótalos. El próximo domingo hay un artículo sobre las estrellas más prometedoras y destacadas de Broadway y yo estoy entre ellas. Creo que estoy feliz, pero honestamente no sé cuán importante o serio es todo esto. ¿Con qué puedo compararlo? ¿Es tan importante como el divorcio de Ma o que esté sana y salva o que pierda su casa…? Insisto…

—Tú vas a ir al tribunal y recuperar la casa por la que has trabajado tan duro, Ma.

Pasan los meses y mi madre y mis hermanos siguen viviendo en el apartamento de alquiler mientras mi padre ocupa la casa, así que lo visito y trato de forzarlo. Encuentro extraño que no esté enojado conmigo.

—Qué demonios, así es la vida —dice.

—Tienes que mudarte, Pa, para que Ma pueda vivir aquí. Eso es lo correcto.

—No me voy a mudar.

—Entonces véndela y compartan el dinero. Si no lo haces el juez va a venderla por ti, por menos de lo que vale.

—Mira —me interrumpe—. A mí no me importa la casa. Nunca me ha importado. Eso fue cosa de tu madre, tu madre que siempre quiere salirse con la suya.

Me avergüenza que sea tan mezquino y no tenga la reacción que se espera de un verdadero hombre que estoy segura tendrían tío Eddie o tío Frank en una situación como esta, pero solo me queda insistir para encontrar una solución aceptable para ambos, aunque ya la primavera avanza hacia el verano.

Cuando no estoy insistiendo estoy actuando por las noches, rezando por no tener audiciones y decorando el apartamento. Ahora he decidido dibujar una flecha de rotonda en la pared, que en algún momento señalará el interruptor de la luz. La flecha saldrá de la nada en el suelo y seguirá hasta llegar a su destino. Estoy tomando un receso, preparándome una taza de Constant Comment como recordatorio de mi nueva vida y el control que tengo sobre ella, cuando suena el teléfono. Es mi tío Félix de Puerto Rico. Me habla de que va a tomar un crucero de Disney y quiere de algún modo terminar en Nueva York para pasarse unos días. Nos reímos mientras batallamos con nuestros idiomas hasta que, hablando de turismo, me cuenta que mis padres recientemente encontraron tiempo para irse juntos de vacaciones a Puerto Rico.

Me quedo congelada.

—¿Qué pasa? —pregunta.

Trato de contestarle pero el sorbo de té que acabo de tomar me está goteando por la nariz.

—Nada —digo tosiendo—. Nada… algo que se me fue por el camino viejo… En un momento se me pasa.

Pero en ese momento toda la ansiedad acumulada durante meses explota en una gran carcajada.

—¿De qué te ríes? —pregunta mi tío.

—De nada —digo jadeando. Pero quiero realmente decir "de todo". Todo es cómico. Todo me parece demasiado ridículo.

Nos despedimos, cuelgo el teléfono y me quedo mirando la flecha sin punta de mi pared, y de repente el hecho de que es perfecta y que va terca hacia ninguna parte me hace reír; y sigo riendo porque hay algo sobre lo que finalmente tengo ahora la certeza.

Y es que no sé nada, de nada, de nada.

CAPÍTULO 11

El comienzo

¿Qué me encanta hacer? ¿Qué me encanta hacer? Tengo que concentrarme en algo que me encante fuera de mí misma o me deprimo, así que voy al Clark Center y me inscribo en una clase de acrobacia a las 10 a.m., una de *jazz* a las 11:00 a.m. y otra de *ballet* a la 1:00 p.m., todos los días antes de actuar en la obra de la noche. Síguete moviendo, muévete, un blanco en movimiento es más difícil de impactar. En medio de tratar de esconderme de todos, recibo un mensaje de mi servicio de contestación que llame a mi agente y me estremezco. ¿Y ahora qué? ¿Cómo es que el agente no se ha dado cuenta de que no sé nada? ¿No se siente decepcionado de que nunca me elijan para los trabajos que él me envía? ¿No puede ver que no entiendo nada? Aparentemente no, porque quiere que audicione para *Sesame Street*.

El vestido verde y blanco corte imperio que decido llevar es cómodo y me queda perfecto. Me gusta porque Ma me lo hizo de una tela que le mandaron de Puerto Rico. Las sandalias Cheap Indian dejan expuestos los grandes dedos, que decido mostrar como un acto de rebeldía. Llevo el pelo largo natural porque no me importa lo que la gente piense de mí. Voy al Children's Television Workshop de Broadway y la calle 63, donde debo encontrarme con Jon Stone, productor ejecutivo de *Sesame Street*. Mis pies grandes entran a la habitación antes que yo. Está solo en su oficina, no en unos de esos salones de conferencias con las sillas arrimadas contra la pared.

Es un hombre corpulento de pelo planco crespo y una barba con un lápiz clavado en ella. Muy amistoso, de labios querúbicos, pero no puedo evitar ver la tormenta que está formándose detrás de sus ojos y su frente.

Hay una pizarra con un círculo negro, un círculo de rayas, un cuadrado negro y un cuadrado de rayas. Después de conversar, me pide que finja que él es un niño de cuatro años al que debo explicarle que dos elementos de la pizarra son iguales. Me doy cuenta de que hay dos respuestas correctas y nos reímos de eso, y me gusta que las cosas no sean rígidas, y advierto que tiene varios pelos rebeldes, largos y atrevidos saliéndole disparejos de las cejas.

Después me pide que le cuente una historia de terror, de nuevo como si él fuera un niñito. Sin pensarlo viajo rauda al apartamento de Third Avenue, donde más miedo pasé. El sueño o la experiencia del periscopio con el gran ojo observándome, acechando cada uno de mis movimientos y respirando junto a mi cuello es lo primero que me viene a la mente.

—Érase una vez muchos años atrás, una niñita que vivía completamente sola en un bosque lleno de duendes y hadas y monstruos —empiezo—. Tenía que salir a cazar para alimentarse, y durante una de esas cacerías diarias sintió que algo la estaba observando. Se dio la vuelta, pero no podía ver lo que era, ni tampoco sacudirse esa sensación de pelos largos acariciándola a lo largo del cuello. Se sentía tan aterrada y nerviosa que no pudo capturar nada de comer. Pero, ¿quién podría cazar con unos ojos pegados a la nuca? Como esta sensación se prolongó durante días llegó el momento en que comenzó a sentirse verdaderamente hambrienta.

Jon Stone parece entretenido y quiere que continúe.

—Ya no podía soportarlo más y gritó: ¿Por qué no sales de tu escondite y me miras a los ojos? Y lo hizo. ¡Era un ojo inmenso y desagradable el que la había estado observando todo el tiempo! Era enorme, inyectado en sangre y tenía unas pestañas largas y pegajosas que cada vez que parpadeaban prácticamente le barrían la nuca. Se asustó tanto que corrió y corrió, pero el ojo se acercaba cada vez más. Finalmente llegó tan cerca de la niña que esta no tuvo más remedio que hacerle frente. Como no tenía armas, decidió morderlo.

Espero una reacción de Jon. Sus cejas pobladas parpadean por un instante. Sigo.

—Una vez que lo mordió, ella pensó, qué demonios, muy bien me lo podría comer. Tengo hambre, de todos modos. Lo hizo, y era repugnante. Crujiente por fuera y blando por dentro, ¡como comerse un huevo hervido con cascarón y todo! ¡Qué asco!

Esto hace que Jon sonría. Me siento alentada y continúo.

—Como ella era valiente, se lo tragó de todos modos. Regresó a su cueva con el estómago revuelto, pero se alegraba de haberse comido el ojo a pesar de que sabía pésimo y le daba ganas de vomitar.

Por un segundo no sé a dónde irá a parar esta historia, pero estoy inmersa en ella.

—Cuando se despertó al día siguiente, la niña se dio cuenta de que algo raro había pasado. Ya no tendría miedo nunca más. No sólo eso, el cielo estaba realmente azul, el sol brillaba en todo su esplendor y las flores lucían más bonitas. Así que comerse el ojo que la perseguía no sólo la liberó del miedo y le llenó la panza, también le hizo ver las cosas mejor. Fin.

Se ve complacido. Me alegro de haberle encontrado un uso a esa historia. Creo que no me importaría seguir yendo a las audiciones si siempre pudiera inventar mis propias historias. ¿Quién no lo haría? Jon me mira por un instante, nos despedimos y me señala la salida.

"¿Esto es todo?", pienso mientras subo al elevador.

De ahí me voy para la casa, porque no hay nada más que hacer que esperar a ver qué pasa.

Agradecimientos

Se necesita un pueblo para hacer un libro, así que quiero agradecer a mi agente, Jennifer Lyons, su constante apoyo y entusiasmo para encontrar la editorial adecuada, y a Andrea Davis Pinkney, mi editora en Scholastic, por su estímulo y visión, y por permitirme escribir libremente mientras me guiaba a través del proceso.

Gracias a la correctora Monique Vescia por bruñir las palabras, y a Elizabeth Parisi por presentar creativamente la mejor introducción visual posible para este libro.

He cambiado los nombres de mis amigos para proteger su privacidad. Sin embargo, los nombres del reparto de *Godspell* citados en estas memorias son los propios, así como los de mis parientes y hermanos. Un agradecimiento especial a ellos por permitirme de buena gana viajar juntos al pasado. Gracias a mi hija, Gabriela Rosa Reagan, por el dulce apoyo de su presencia. Y por último, mi gratitud extraespecial para mi esposo, Richard Reagan, por su paciencia al escuchar, criticar y darme su valiosa opinión sobre cada una de las revisiones.

Los recuerdos pueden ser elusivos y concretos. A veces, cuando miro algunas de las primeras imágenes mías en la televisión, no recuerdo haber filmado esos segmentos, pero recuerdo algo que creo que es más importante: qué sentía en esa época de mi vida… si estaba enojada, feliz o triste, enamorada o no.

Por otra parte, y quizás porque solo existen unas pocas fotografías en blanco y negro de mi infancia, rememorar los eventos del pasado en estas memorias a menudo tuvo un efecto mágico. Estoy segura de que recuerdo cosas que no podría porque simplemente era demasiado pequeña. A veces tenía la certeza de que ciertas fiestas fueron en un apartamento y descubría, tras conversar con parientes, que nos habíamos reunido en otro. Recordar las historias familiares con mis hermanos nos provocó tristeza y también carcajadas, ya que recordábamos los mismos sucesos de manera diferente.

Si algo he aprendido al escribir estas memorias es, sobre todo, que aunque la vida está compuesta de eventos tan reales como una grabación de televisión o una foto en blanco y negro, lo que a menudo le da color y forma es cómo recordamos esos sucesos y los sentimientos que los acompañaron.

Sobre la autora

Sonia Manzano es la actriz que define el papel de María en la aclamada serie *Sesame Street*. Ha ganado quince premios Emmy por sus guiones para televisión y ha sido nominada dos veces como mejor intérprete en una serie infantil. Es autora de la aclamada novela *The Revolution of Evelyn Serrano*, premio Pura Belpré, considerada "Maravillosa", con máximo de estrellas, en *Kirkus Reviews*, y elogiada como "Irónica... conmovedora" en *Booklist*. Esta novela fue también seleccionada Mejor Libro Infantil de 2013 por *Kirkus Reviews*. Sonia ha sido incluida por la revista *People en Español* en el grupo de hispanos más influyentes en Estados Unidos y ha recibido el reconocimiento del Caucus Hispano en el Congreso de los EE.UU., en Washington D.C. Tiene un doctorado honorario en bellas artes otorgado por la Universidad de Notre Dame y vive con su esposo en Nueva York.